弘道书系

古代汉语十五讲

留学生用书

王鸿雁　著

暨南大学出版社
JINAN UNIVERSITY PRESS

中国·广州

图书在版编目（CIP）数据

古代汉语十五讲／王鸿雁著. —广州：暨南大学出版社，2022.1
（弘道书系）
留学生用书
ISBN 978 - 7 - 5668 - 3303 - 7

Ⅰ.①古…　Ⅱ.①王…　Ⅲ.①古汉语—对外汉语教学—教材
Ⅳ.①H195.4

中国版本图书馆 CIP 数据核字（2021）第 279260 号

古代汉语十五讲（留学生用书）
GUDAI HANYU SHIWU JIANG（LIUXUESHENG YONGSHU）
著　者：王鸿雁

出 版 人：张晋升
策划编辑：杜小陆　黄志波
责任编辑：刘宇韬
责任校对：周海燕　冯月盈　黄晓佳
责任印制：周一丹　郑玉婷

出版发行：暨南大学出版社（510630）
电　　话：总编室（8620）85221601
　　　　　营销部（8620）85225284　85228291　85228292　85226712
传　　真：（8620）85221583（办公室）　85223774（营销部）
网　　址：http://www.jnupress.com
排　　版：广州良弓广告有限公司
印　　刷：佛山市浩文彩色印刷有限公司
开　　本：787mm×960mm　1/16
印　　张：16.25
字　　数：260 千
版　　次：2022 年 1 月第 1 版
印　　次：2022 年 1 月第 1 次
定　　价：45.00 元

前　言

根据《高等学校外国留学生汉语言专业教学大纲》，"古代汉语课程一般在留学生汉语言专业本科三年级时开设，是留学生在汉语学习进入中高级阶段后所要开设的一门必修课"。

《古代汉语十五讲（留学生用书）》是为了提高留学生的汉语水平，让他们在学习中能够追本溯源，了解汉语的起源、发展、演变，让汉语学习者知其然更知其所以然，使学生更好地了解汉语的演变以及运用这些知识、方法更有效地解决汉语学习中所面临的重点难点。

本教材的教学目的主要有：①提高留学生的汉语水平；②让学生掌握古代汉语的一些基本语言知识和古代文化常识，为他们学习中国文学、中国历史等人文学科打下坚实的基础；③通过学习古代汉语来培养留学生更好地学习现代汉语的习惯和兴趣，帮助学生加深对现代汉语的理解，使留学生更加深刻和全面地了解中国以及中国文化。

本教材适用于汉语言专业本科三、四年级，HSK5 五级以上水平以及中高级阶段的汉语学习者，每周 2 课时，一个学期使用。

《古代汉语十五讲（留学生用书）》每课由以下几个部分构成：

1. 课文及题解

本教材的选文，是根据外国人学习汉语的特点，遵循由易到难、由浅入深的编排原则。题解则简要介绍了每篇课文的出处及相关的背景知识，以利于学生理解课文内容。

2. 注释

对课文中出现的难字采用注释加拼音的办法，在解释课文中的词语时标注词性及其在本文中的词义，并逐句翻译以利于学生对文意的理解。

3. 语法释析

根据课文的内容和语法点的分布，每课选取古代汉语使用频率较高且现代汉语依然使用的两到三个虚词、一到两个固定格式进行详解，在释例中着重强调古代汉语和现代汉语的发展演变以及异同。

4. 练习

练习的设计不仅仅局限于学生对于所学知识点的理解、消化和吸收，更重要的是通过大量相关知识点的练习，从现代汉语的角度对所学的知识点进行拓展。练习的形式丰富多样，如词语解释、回答问题、句子翻译、语法操练、古语今用等。

5. 知识拓展

结合课文中的知识点，从汉字的起源、发展，构型到词义的演变，介绍古代汉语总体知识概况，让汉语学习者从宏观上对古代汉语有一个基本的认识。此外，每课课后的拓展练习是针对本课的古汉语知识所做的有针对性的练习，学有余力的同学不妨一试。

6. 补充阅读

每课课后配有与本课内容相关的阅读材料，并附译文以方便学习者理解文意。

本教材是编者在长期对外汉语教学基础上编写而成，在编写的过程中得到了很多前贤和同仁的支持与帮助，其中周永强、卓静静、李健健老师参与了部分章节的编写，在此一并表示感谢。本教材在编写过程中难免存在疏漏，恳请读者批评指正。

编　者

2020 年 9 月于深圳大学

目 录

第一课

课文

守株待兔

宋人有耕者[1]，田中有株[2]，兔走触株[3]，折颈而死[4]。因释其耒而守株[5]，冀复得兔[6]。兔不可复得[7]，而身为宋国笑[8]。今欲以先王之政[9]，治当世之民[10]，皆守株之类也[11]。

《韩非子·五蠹》

《韩非子·五蠹（dù）》

题解

这篇寓言故事选自《韩非子·五蠹》，《韩非子》是中国古代战国时期（前475—前221）法家代表人物韩非的哲理散文集，共五十五篇。韩非总结了春秋战国时期的历史经验，提出了以法治为主的一套完整的思想体系。他的思想为秦始皇所用，对建立和巩固统一的中央集权的封建国家起了很大的作用。守株待兔这个故事讽刺了那些只凭经验办事、墨守成规、不知变通的人，也讽刺了不劳而获、坐享其成的人。

注释

（1）宋：名词。宋国，中国古代周朝诸侯国名。

耕（gēng）：动词。种地。

1

者：代词。……的人。

有……者：固定句式。有……的人。

宋人有耕者：宋国有（一个）种地的人。

（2）田：名词。田地。

zhū
株：名词。树桩子，露出地面的树根。

田中有株：田地里有（一个）树桩子。

（3）兔：名词。兔子。

走：动词。跑。

chù
触：动词。撞，碰。

兔走触株：（一只）兔子跑着跑着撞到了树桩上。

zhé
（4）折：动词。折断。

jǐng
颈：名词。脖子。

而：连词。就，表示前后两个动作相承接。

折颈而死：折断脖子而死。

（5）因：副词。于是，就，便。

shì
释：动词。放下，放弃。

其：代词。他的。

lěi   sì
耒：耒耜，古代一种像犁的农具。

释其耒：放下他的农具，这里指不再种地。

而：连词。就，表示前后两个动作相承接。

因释其耒而守株：于是（这个人）不再种地，就（专门）守着树桩。

jì
（6）冀：动词。希望。

复：副词。再一次。

得：动词。得到。

冀复得兔：希望（能）再一次得到兔子。

（7）可：助动词。可能。

2

兔不可复得：不可能再得到兔子了。

(8) 而：连词。却，但是，可是，表转折。

身：代词。自身，自己。

为：介词。被，表被动。 *(wéi)*

宋国：名词。这里指宋国人。

笑：动词。嘲笑，耻笑

而身为宋国笑：可自己（却）被宋国人嘲笑。

(9) 今：名词。现在。

欲：动词。想，想要。 *(yù)*

以：介词。用。

先王：以前的国王。

之：助词。的。

政：名词。政策，法令。 *(zhèng)*

今欲以先王之政：现在想要用以前的国王的政策。

(10) 治：动词。治理，管理。

当世：当代。

民：名词。百姓，人民。

治当世之民：治理当代的百姓。

(11) 皆：副词。都。 *(jiē)*

之类：可译为"……一类的事情""……一类的东西"。

也：语气词。表示判断语气。

皆守株之类也：都（属于）守株待兔一类的情况。

语法释析

一、而

"而"字是古代汉语中极常用的一个虚词，主要用作连词，一般连接谓词性（主要是动词和形容词）的词与词组以及句子。"而"字本身没有什么实际意义，但可以有多种译法，这完全取决于它所连接的前后两项的语义关系。因此，要掌握"而"的具体使用情况，必须先分析它所处的语义环境。在本课中，虚词"而"主要用作顺承连词和转折连词。

（一）"而"作顺承连词。

顺承关系是指相连的两项有一定的次序，或时间上先后相继，或事理上先后相承，在意思上有密切关系。"而"字连接具有顺承关系的两项，可译为"就""才"，或不译，或仍用"而"。如：

（1）人非生而知之者，孰能无惑？（《师说》）

译：人不是生下来就知道一切道理的，谁能没有疑惑呢？

（2）因释其耒而守株，冀复得兔。（《韩非子·五蠹》）

译：于是放下手中的农具，就守在树桩旁边，希望再次得到兔子。

（3）饥而欲饱，寒而欲暖，劳而欲休。（《荀子·性恶》）

译：饥饿就想吃饭，寒冷就想穿衣，疲劳就想休息。

在现代汉语中，表示顺承关系时一般很少使用"而"，多用副词"就"或"才"，或使用连动词组。如：

（4）他看完电视就睡觉了。

（5）他吃了饭才吃药。

（6）他打开房门进了屋。

（二）"而"作转折连词。

"而"作为转折连词，连接的前后两项，在语义上相反或相对，或意思上不协调，中间有个转折。这样的"而"字可译为"却""但是""可是"等。如：

（1）舟已行矣，而剑不行，求剑若此，不亦惑乎？（《吕氏春秋·察今》）

译：船已经走了，但是掉下去的剑没有动，像这个人这样找剑，不也太糊涂了吗？

（2）兔不可复得，而身为宋国笑。（《韩非子·五蠹》）

译：不可能再得到兔子了，可自己（却）被宋国人嘲笑。

（3）惑<u>而</u>不从师，其为惑也，终不解矣。（《师说》）

译：有疑惑却不找老师请教，疑惑始终得不到解决。

（4）孟子曰："不仁<u>而</u>得国者，有之矣；不仁而得天下者，未之有也。"（《孟子·尽心下》）

译：孟子说："不行仁德却能得到一个国家，有这样的事情；不行仁德却得到整个天下的，没有这样的事情。"

在现代汉语中，连词"而"的转折用法仍在使用，多用于书面语中，意思仍为"但是""却"。如：

（5）严肃而不失和蔼的态度。

（6）那是疲惫而快乐的一次旅行。

（7）我喜欢她而她不喜欢我。

二、为 wéi

"为"是古代汉语常用的一个虚词，可以表示原因，表示动作的对象，表示目的，也可以表示被动。本课主要学习"为"表被动的用法。在现代汉语和古代汉语中，被动句均有两种类型：一是形式上看不出被动关系，而语义上具有被动关系的无标志被动句；二是形式上含有被动标记、语义上具有被动关系的有标记被动句。在有标记的被动句中，现代汉语与古代汉语在使用被动标记方面存在差异。在现代汉语中，作为被动标记的主要有"被、让、叫、给"等；而在古代汉语中，作为被动标记的主要有"为、于、见、被、为……所……"等。本课主要学习"为"作为标记的被动句。"为"的作用是引进施事者，所引进的施事者可以省略，还可以构成"为……所……"格式，这种格式一直保留在现代汉语的书面语中。如：

（1）胥之父兄为戮于楚。（《史记·吴太伯世家》）

译：伍子胥的父兄在楚国被杀害了。

（2）兔不可复得，而身为宋国笑。（《韩非子·五蠹》）

译：不可能再得到兔子了，可自己（却）被宋国人嘲笑。

（3）身死人手，为天下笑者，何也?（《过秦论》）

译：国君死在别人手里，被天下人嘲笑，这是为什么呢？

（4）多多益善，何为为我禽？（《史记·淮阴侯列传》）

译：越多越好，那为什么被我捉住？

（5）太祖为流矢所中。（《三国志·魏志·武帝纪》）

译：曹操被飞箭射中。

（6）卫太子为江充所败。（《汉书·霍光传》）

译：卫太子被江充打败。

（7）愿君留意臣之计！否，必为二子所禽矣！（《史记·淮阴侯列传》）

译：希望您仔细考虑我的意见，否则，一定被韩信、张耳捉住。

例（1）（2）（3）（4）都是单独使用被动标记"为"。例（1）中，"为"后没有出现施事成分，而在例（2）（3）（4）中，"为"引出了施事成分。例（5）（6）（7）使用的都是"为……所……"表被动的格式，"为"后出现施事成分。

练习

一、根据课文内容回答下列问题

1. 宋人在耕地时，遇到了什么事儿？
2. 发生了那件事情后，宋人接下来有什么改变？
3. 宋人最后的结果是什么？
4. 这个故事告诉我们什么道理？
5. 这个故事在治理国家方面给了我们什么启示？

二、解释下列句子中加下划线的词的意义

1. 宋人有耕田者，田中有<u>株</u>。
2. 因<u>释</u>其耒而守株，<u>冀</u>复得兔。
3. 兔不可复得，而<u>身</u>为宋国笑。
4. 今<u>欲</u>以先王之政，<u>治</u>当世之民。
5. 皆守株之<u>类</u>也。

三、解释下列句子中加下划线的词的用法和意义

1. 宋人有耕田<u>者</u>，田中有株。
2. 因释<u>其</u>耒<u>而</u>守株，冀复得兔。

3. 兔不可复得，<u>而</u>身为宋国笑。

4. 今欲<u>以</u>先王<u>之</u>政，治当世<u>之</u>民。

5. <u>皆</u>守株之类<u>也</u>。

四、把下列句子翻译成现代汉语

1. 宋人有耕者，田中有株，兔走触株，折颈而死。

2. 因释其耒而守株，冀复得兔。

3. 兔不可复得，而身为宋国笑。

4. 今欲以先王之政，治当世之民，皆守株之类也。

五、关于"而"的练习

（一）尝试解释下列含有"而"的词语中的"而"的意义并将其中"而"的用法归类。

肥而不腻　乐而忘忧　富而不骄　视而不见　三思而后行
三十而立　华而不实　不辞而别　忙而不乱　量力而行

（二）根据下列句子的意思，把"而"放在合适的位置上。

1. 看到了（危险或力不从心的事情）往后退缩　　望__却__步

2. 听到消息就立刻逃跑　　　　　　　　　　　　闻__风__逃

3. 察看好机会后再行动　　　　　　　　　　　　相__机__行

4. 说过（话）却不讲信用　　　　　　　　　　　言__无__信

5. 知道有困难却还是前进　　　　　　　　　　　知__难__进

6. 挑选好的（办法）加以实行　　　　　　　　　择__善__从

六、关于"为……"或"为……所……"的练习

（一）用"为……"或"为……所……"格式改写下列句子。

1. 他的头发被风吹乱了。

2. 他被他的竞争对手打败了。

3. 他禁不住金钱、美女的诱惑，走上了犯罪的道路。

4. 他成了被世人唾骂的大坏蛋。

5. 他被他的敌人捉住了。

（二）尝试解释以下含有"为……所……"的结构并造句。

1. 为情所困

2. 为金钱所累

3. 为生计所迫

4. 为敌所擒

5. 为名利所诱

6. 为情势所逼

七、古语今用

（一）"因释其耒而守株，冀复得兔"中"释"的意思是_____。根据这一义项解释下列句子中含有"释"的词语。

1. 对于这本偶像签名的书她爱不释手。

    爱不释手：_____

2. 当老师宣布论文答辩通过的那一瞬间我如释重负。

    如释重负：_____

3. 至今他对于朋友背叛这件事儿还是不能释怀。

    释怀：_____

4. 为了合作共赢，他们俩冰释前嫌，在这个问题上达成了一致。

    冰释前嫌：_____

（二）"宋人有耕者，田中有株，兔走触株，折颈而死"中"走"的意思是_____。解释下列句子中含有"走"的词语，并解释词语中"走"的意思。

1. 由于这次会议行程的安排太过紧张，所以我只能在会议之余走马观花地看看当地的风景名胜。

    走马观花：_____

2. 要不是走投无路，他才不会去借高利贷呢。

    走投无路：_____

3. 这个天大的好消息传来，大家都奔走相告。

    奔走相告：_____

4. 听说这个爱民如子的好官很快就会在我们这儿走马上任了。

    走马上任：_____

（三）"今欲以先王之政，治当世之民，皆守株之类也"中"皆"的意思是_____。根据这一义项解释下列含有"皆"的词语。

1. 皆大欢喜：_____

2. 妇孺皆知：_____

3. 比比皆是：_____

4. 有口皆碑：_____

知识拓展

汉字的起源与发展

一、汉字的起源

汉字是谁创造的？在我国历史上，历代的观点认为汉字是仓颉个人创造的。然而随着考古科学的种种发现，却愈来愈多地证明汉字是广大劳动人民创造的成果。汉字产生的年代，历来说法不一。1972 年以后的最新研究成果，则是以西安半坡村遗址出土的文物上刻画的符号作为汉字产生的标志，这些刻画符号和彩陶上面的花纹是根本不同的。"那些刻画记号，可以肯定地说就是中国文字的起源，或者说是中国原始文字的孑遗。"（郭沫若《古代文字之辩证的发展》）从这些刻画的符号看：第一，他们都是单个的独立体；第二，有类似笔画的结构；第三，它们尽管都是草率急就的，但已经具备了汉字的雏形。据考证，半坡遗址距今已经有 6 000 年左右的历史，这也正是汉字的历史。所以汉字是世界上最早的文字之一。

二、汉字的形体演变

汉字在发展演变的过程中，字体有篆、隶、楷、行草。

1. 甲骨文

甲骨文指书写或者契刻在龟甲或兽骨上的文字，包括商代甲骨文和西周甲骨文两部分。甲骨文是迄今为止发现的时代最早的汉字。

2. 金文

金文是指铸或刻在青铜器上的文字。它的历时较长，上至商代早期，下至秦灭六国，长约 1 200 多年。金文是古汉字中唯一一贯而下、自成体系的字体。

3. 大篆

大篆是秦系古文字，是在西周晚期文字的基础上发展而来的，延续至战国早期。

4. 小篆

小篆是以书写特点命名的字体名称，是介乎大篆与古篆之间的秦系文字。秦始皇统一中国以后，李斯等人对小篆进行了一次整理。这次整理使小篆形体的规范化程度得到进一步提高。

5. 隶书

隶书，它是在小篆的基础上演变而来的，大约从战国晚期延续到西汉初期。人们把秦隶称为古隶，把汉隶称为今隶。隶书是汉字形体演变发展史上重要的里程碑：它彻底打破了象形对汉字形体的束缚，完成了对古文字的改造，创造了今文字的构字部件，是古今文字的分水岭。

6. 楷书

楷书是由隶书演变而来的。楷书笔画平直，结构方正，书写方便。楷书从东汉开始使用，一直沿用至今，有一千八百多年的历史了。

7. 行书

行书是"楷书的流动"，它形成于魏晋，是介于楷书和草书之间的一种形体。虽然笔画连绵，但各字又是独立的，写起来比楷书快，但又比草书好认。因而从魏晋起直到现在，行书用得最为普遍。

8. 草书

草书是跟汉隶并行的一种字体，是汉隶潦草的写法。这种字体求快求速，笔画连绵，只要能够初具汉字的轮廓便足矣。草书到了后来龙飞凤舞，基本脱离了实用领域。

三、汉字发展演变的基本趋势

简化和标音化是汉字发展演变的两大趋势。

文字从商代开始，经由西周、春秋、战国，总的趋势是越往后越趋简化。简化的方法也多种多样，有的把图形轮廓化，有的省去原来部分形体，有的用简单的形体替换复杂的形体。

汉字中既能标音又能表意的形声字越到后世发展越快，据统计，汉代的《说文解字》共收字 9 353 个，其中形声字 7 679 个，约占总数的 82%；

宋代《通志·六书略》，共收字24 235个，其中形声字21 343个，约占总数的88%；清代的《康熙字典》，共收字47 035个，其中形声字42 300个，约占总数的90%。在现在通用的简化字中，形声字也占绝对多数。这些数据表明，形声字在总字汇中的比例逐步增大，汉字的表音化程度越来越高。

四、汉字的特点

1. 从构型来看，形义联系强，形音联系弱。

2. 从记录语言的单位来看，汉字主要记录汉语的词或者语素，也可以作为区别意义的音节符号来使用。

3. 从功能来看，汉字具有区别同义词的作用。由于表意汉字是从意义出发来构造文字形体的，因此，多个不同的汉字的音节可能相同。

4. 从书写来看，汉字是两维构型的方块形体，区别于按照字母、按照发音顺序作线性排列的英文、俄文、日文等，具有信息量大、区别度高的优点，但是也有结构复杂的缺点。

拓展练习

尝试回答以下问题：

1. 汉字主要有哪些特点？
2. 简单说说汉字的起源。
3. 汉字的发展过程中主要演变出哪些字体？
4. 你所知道的现在还在使用的汉字字体有哪些？
5. 说说汉字发展演变的主要趋势。

补充阅读

刻舟求剑

楚人有涉江者，其剑自舟中坠于水，遽契其舟，曰："是吾剑之所从坠。"舟止，从其所契者入水求之。舟已行矣，而剑不行，求剑若此，不亦惑乎！

译文：

楚国有个渡江的人，他的剑从船中掉到水里，他急忙在船边上用刀在掉下剑的地方做了记号，说："这是我的剑掉下去的地方。"船到目的地后停了下来，这个楚国人从他刻记号的地方跳到水里寻找剑。船已经航行了，但是剑没有行进，像这样寻找剑，不也是很糊涂吗？

《吕氏春秋·察今》

第二课

课文

苛政猛于虎也⁽¹⁾

孔子过泰山侧⁽²⁾，有妇人哭于墓者而哀⁽³⁾，夫子式而听之⁽⁴⁾，使子路问之⁽⁵⁾，曰："子之哭也，壹似重有忧者⁽⁶⁾。"而曰："然，昔者吾舅死于虎⁽⁷⁾，吾夫又死焉⁽⁸⁾，今吾子又死焉⁽⁹⁾。"夫子曰："何为不去也⁽¹⁰⁾？"曰："无苛政⁽¹¹⁾。"夫子曰："小子识之！苛政猛于虎也⁽¹²⁾。"

《礼记·檀弓下》

题解

这篇课文选自《礼记》，《礼记》是儒家的经典之一，也称《小戴礼记》，由西汉的戴圣编订，是秦汉以前各种礼仪论著的选集，一共四十九篇。其中的篇目大部分是孔子弟子及其再传、三传弟子所辑录的。这篇文章通过"苛政"与"猛虎"的绝妙对比，形象生动地揭露了封建统治者的残暴本性。孔子提出"德治"，孟子提出施"仁政"，表达的都是儒家的政治主张。这则故事形象地说明了"苛政猛于虎"的道理，发人深省。

注释

^{kē}
（1）苛政：名词。残酷剥削人们的统治。

　　猛：形容词。迅猛、凶残、残酷。

13

于：介词。引入比较对象。

也：语气词。表示判断语气。

苛政猛于虎也：残暴的统治比老虎更凶猛。

（2）过：动词。经过，路过。

泰山：名词。位于山东省的中部，号称"东岳"。

侧：名词。旁边。
cè

孔子过泰山侧：孔子路过泰山旁边。

（3）于：介词。动词后面，引入动作发生的处所。

哀：形容词。悲哀。
āi

有妇人哭于墓者而哀：有个妇人在坟墓旁哭得很伤心。

（4）夫子：名词。同老师，先生，这里指孔子。

式：动词。通"轼"，车轼，这里活用作动词，手扶着车栏杆。
shì

之：代词。代指妇人在坟墓旁哭得很悲伤这件事儿。

夫子式而听之：孔子扶着车前的栏杆听着。

（5）使：动词。派、让。

之：代词。代指在坟墓旁哭的妇人。

子路：名词。孔子的弟子。

使子路问之：派子路去问她（为什么哭）。

（6）子：代词。第二人称代词，你。

之：结构助词。主谓之间，无实意。

壹：副词。的确，实在。
yī

似……者：好像……似的。

重 有忧：接连经历几件悲伤的事情。
chóng

子之哭也，壹似重有忧者：你这样哭，真好像不止一次遭遇到不幸了。

（7）然：形容词。对、正确。

昔者：名词。以前，从前。
xī

舅：名词。这里指公公，丈夫的父亲。

于：介词。动词之后，带出动作发生的原因。

然，昔者吾舅死于虎：是啊！以前我公公死在老虎口中。

（8）吾：代词。第一人称代词，我。

焉：兼词。用在句末，相当于"于之""于是"。"于"，在的意思，"之""是"是代词。

吾夫又死焉：我丈夫也死于这个原因（被老虎咬死）。

（9）今吾子又死焉：现在我儿子又被老虎咬死了。

（10）何为：为何，为什么，疑问代词作介词的宾语要提前。

去：动词。离开。

也：语气词。用于疑问句句末，相当于"呢"。

何为不去也：为什么不离开呢？

（11）无苛政：（这个地方）没有残暴的统治。

（12）小子：名词。年轻人，长辈对晚辈或者老师对学生的称呼。

识：动词。通"志"，记住。

小子识之：苛政猛于虎也：子路你要记住，残暴的政令比老虎还要凶猛！

语法释析

一、引出处所的介词"于"

"于"字是古代汉语中使用最广泛的一个介词，由"于"组成的介词结构大多用在谓语之后作句子的补语，译成现代汉语通常作句子的状语。"于"字的用法复杂，可以引出处所和时间、引出对象、引出范围、引出原因和表示被动等，本课主要学习"于"引出处所的用法。这里的"处所"包括动作行为发生的处所、起点、终点等。如：

（1）公与之乘，战于长勺。（《左传·庄公十年》）

译：鲁庄公与曹刿（一起）乘车前往，在长勺打仗。

（2）子路宿于石门。（《论语·宪问》）

译：子路在石门住了一晚上。

（3）青，取之于蓝，而青于蓝。（《荀子·劝学》）

译：靛青是从蓝草中提取出来的，可是比蓝草更蓝。

（4）墨子闻之，起于鲁。（《墨子·公输》）

译：墨子听说此事，便由鲁国动身。

（5）予蓬蓬然，起于北海，而入于南海也。（《庄子·秋水》）

译：我呼号着，从北海起动，一直刮到南海。

（6）权起更衣，肃追于宇下。（《资治通鉴·赤壁之战》）

译：孙权起来上厕所，鲁肃追到屋檐下。

例（1）中的介词"于"引进了动词"战"发生的处所"长勺"，并与之构成介宾词组"于长勺"，放在动词"战"之后作补语，可译成"在"；例（2）中的"石门"通过介词"于"引进，是动词"宿"发生的处所，"于"在"宿"后作补语，可译为"在"；例（3）、例（4）中的介词"于"分别与专有名词"蓝""鲁"组成介宾结构，作补语，表示动作行为的起点，在翻译成现代汉语时，可译为"从""由"等；例（5）中的介词"于"分别同偏正词组"北海""南海"组成介宾结构"于北海""于南海"，作补语，其中前一个"于"表示动作行为的起点，应译为"从""由"，后一个"于"表示动作行为的终点，可译为"到""至"；例（6）中的介词"于"同偏正词组"宇下"组成介宾结构，作补语，表示动作行为的终点，可译为"到""至"。

二、引出比较对象的介词"于"

介词"于"用在形容词之后，引出用来比较的事物，这种用法的"于"字可译为现代汉语的"比"。如：

（1）冰，水为之，而寒于水。（《荀子·劝学》）

译：冰，是水变成的，却比水冷。

（2）苛政猛于虎也。（《礼记·檀弓下》）

译：残暴的政令比老虎还要可怕。

（3）弟子不必不如师，师不必贤于弟子。（《师说》）

译：学生不一定不如老师，老师也不一定比学生高明。

（4）人固有一死，或重于泰山，或轻于鸿毛。（《报任少卿书》）

译：人本来是要死的，有的人的死（很有价值，）比泰山还要重，有的人的死（价值很小，）比鸿毛还要轻。

这种用法的"于"在现代汉语中继续使用。如：

（5）安全重于泰山。

（6）五大于三。

（7）三少于五。

（8）人民利益高于一切。

（9）工资低于两千。

三、"者"字结构

在古代汉语中，"者"是个特殊的指示代词，它不能像其他代词那样单独使用，独立充当任何句子成分，必须与其他词或词组组成名词性词组，才能起指代作用。也就是说，只有在由"者"构成的名词性词组中，"者"的意义才能清楚地体现出来，这是它和其他代词不同之处。

"者"字可以跟动词、形容词、数词或词组结合成"……者"，表示"……的（人/东西/事情）"，在句中作主语、谓语、宾语、定语。如：

（1）古之学者必有师。（《师说》）

译：古时候学习的人，一定要有老师。

（2）于是葬死者，问伤者，养生者。（《国语·越语》）

译：于是埋葬死亡的（人），慰劳受伤的（人）），赡养活着的（人）。

（3）故知者作法，而愚者制焉。（《商君书·更法》）

译：所以聪明的人创制法令，而愚笨的人被法限制。

（4）《齐谐》者，志怪者也。（《庄子·逍遥游》）

译：《齐谐》这本书是记述怪异事情的书。

（5）不为者与不能者之形何以异？（《孟子·梁惠王上》）

译：不肯干的人和不能干的人的表现怎样区别？

（6）地广者粟多，国大者人众。（《谏逐客书》）

译：土地广阔的国家粮食多，国家大的人口多。

（7）在天者莫明于日月，在地者莫明于水火。（《荀子·天论》）

译：在天上的东西，没有什么比太阳和月亮更明亮的了；在地上的东西没有什么比水和火更明亮的了。

（8）此五者，邦之蠹也。（《韩非子·五蠹》）

译：这五种人，是国家的蛀虫。

例（1）中的"者"用在动词"学"之后，并与其组成名词性词组，在句中作主语；例（2）中的"者"分别同动词"死""伤""生"结合，组成名词性词组，作动词"葬""问""养"的宾语；例（3）中的"者"分别用在形容词"知（智）"和"愚"的后面，与之结合成名词性词组，分别充当前后两句的主语；例（4）中的第二个"者"同动宾词组"志怪"结合，组成名词性词组，作句子的谓语；例（5）中的"者"同偏正词组"不为"和"不能"组成名词性词组，作名词"形"的定语；例（6）中的"者"同主谓词组"地广""国大"组成名词性词组，分别在两个分句作主语；例（7）中的"者"与动宾词组"在天""在地"组成名词性词组，分别在前后两个分句中作主语；例（8）中的"者"与数词"五"组成名词性词组，在句中作主语；例（1）、（2）、（3）、（5）、（8）中的"者"字代人，例（4）、（6）、（7）中的"者"字代事物。

练习

一、根据课文内容回答下列问题

1. 孔子路过泰山时遇到了什么事？

2. 妇人为什么哭得那么伤心？

3. 妇人为什么不离开这个地方？

4. 这个故事说明了什么道理？

二、解释下列句子中加下划线的词的意义

1. 孔子过泰山侧，有妇人哭于墓者而<u>哀</u>。

2. 夫子<u>式</u>而听之，使子路问之。

3. 子之哭也，<u>壹</u>似重有忧者。

4. 然，<u>昔者</u>吾舅死于虎，吾夫又死<u>焉</u>，今吾子又死<u>焉</u>。

5. <u>何为</u>不<u>去</u>也？

6. 小子<u>识</u>之！<u>苛政</u>猛于虎也。

三、解释下列句子中加下划线的词的用法和意义

1. 孔子过泰山侧，有妇人哭<u>于</u>墓者而哀。

2. 夫子式<u>而</u>听<u>之</u>，使子路问<u>之</u>。

3. 子<u>之</u>哭也，壹似重有忧<u>者</u>。

4. 然，昔者吾舅死<u>于</u>虎，吾夫又死<u>焉</u>，今吾子又死<u>焉</u>。

5. 何为不去<u>也</u>?

6. 小子识之! 苛政猛<u>于</u>虎<u>也</u>。

四、把下列句子翻译成现代汉语

1. 孔子过泰山侧，有妇人哭于墓者而哀。

2. 夫子式而听之，使子路问之。

3. 子之哭也，壹似重有忧者。

4. 然，昔者吾舅死于虎，吾夫又死焉，今吾子又死焉。

5. 何为不去也?

6. 小子识之! 苛政猛于虎也。

五、关于"于"的练习

（一）用表示比较的介词"于"改写下列句子。

1. 这个商店的东西比别的商店的贵。

　　改写：_____

2. 今年的留学生数量比去年多。

　　改写：_____

3. 他的月薪 18 000，我的月薪 15 000。

　　改写：_____

4. 深圳今年夏天的平均气温比去年高。

　　改写：_____

5. 今年深圳大学的录取分数线比去年高。

　　改写：_____

6. 今年国家经济的增速比去年低。

　　改写：_____

（二）从下列四个选项中给下列句子选出其中的介词"于"的用法。

A. 引入动作发生的时间　　　B. 引入动作发生的地点

C. 引入动作发生的对象　　　　D. 引入动作发生的原因

1. 这本书购于中心书城。（　　　）

2. 出于工作需求，他们搬了家。（　　　）

3. 他大学毕业以后一直就职于华为。（　　　）

4. 有的学生沉迷于网络游戏不能自拔。（　　　）

5. 马化腾曾就读于深圳大学。（　　　）

6. 鉴于她的优秀表现，学校决定授予她"优秀毕业生"的称号。
（　　　）

7. 他出生于中国改革开放的初期。（　　　）

8. 他整天忙于工作而完全忽略了家人。（　　　）

9. 出于同情心，她给这个失去父母的孩子很大的帮助。（　　　）

10. 第 32 届奥运会于 2021 年在日本举行。（　　　）

六、关于"者"的练习

（一）用"者"改写下列短语。

1. 示威的人　　　　　　　　　改写：

2. 接受采访的人　　　　　　　改写：

3. 后面那个人　　　　　　　　改写：

4. 保护环境的人　　　　　　　改写：

5. 得到利益的人　　　　　　　改写：

6. 侵犯别国领土、主权的人　　改写：

7. 批评我们的人　　　　　　　改写：

8. 制定政策的人　　　　　　　改写：

9. 采访新闻和写通讯报道的人　改写：

10. 年纪大辈分高的人　　　　　改写：

（二）尝试解释下列句子中"者"字短语的意思。

1. 近朱者赤，近墨者黑。

2. 说者无意，听者有心。

3. 来者不善，善者不来。

4. 当局者迷，旁观者清。

5. <u>会者</u>不难，<u>难者</u>不会。

6. <u>仁者</u>乐山，<u>智者</u>乐水。

七、古语今用

1. "然，昔者吾舅死于虎，吾夫又死焉，今吾子又死焉"句中"然"的意思为_____。"知其然，不知其所以然"中"然"的意思为_____。

"然"还可以作副词或形容词后缀，意为"……的样子"如：显然、忽然、飘飘然等。请解释下列句子中画线词语的意思，并指出其中的"然"属于上述用法中的哪一种。

（1）那些成功的经验可以学习、借鉴，但一定要有所甄别，因为它<u>不尽然</u>适用于每个人。

不尽然：_____　　然：_____

（2）他把别人对他的好看作是<u>理所当然</u>。

理所当然：_____　　然：_____

（3）很多人以为教外国人学习汉语很容易，<u>其实不然</u>。

其实不然：_____　　然：_____

（4）对于别人的指责和白眼他<u>不以为然</u>，依旧我行我素。

不以为然：_____　　然：_____

（5）第一次来中国的时候我<u>茫然</u>不知所措，最后多亏了同学们的帮助我才安定下来。

茫然：_____　　然：_____

2. "小子识之！苛政猛于虎也"中"识"的读音为_____，它的意思是_____。请解释下列句子中画线词语的意思并注音。

（1）我跟他从<u>素不相识</u>到无话不谈仅仅用了一个星期。

素不相识：_____

（2）当年邓小平选择在深圳设立经济特区是一个政治家的<u>远见卓识</u>。

远见卓识：_____

（3）这本书的作者一定是一个<u>博闻强识</u>的学者。

博闻强识：_____

知识拓展

汉字的形体构造

汉字的四种常用的构字方法：

一、象形

象形是通过描摹词所概括的客观实体来表达词义的造字法。汉字产生于图画，因此"象形"是最早采用的造字方法，这是毫无疑问的。从古文字中我们可以看到，凡是可以画出的生活中的实物，古人都创造出了文字，这种造字法是以生动的图像表达词义。

描写具体事物的象形字，比如甲骨文的人、目、口、耳、自（鼻）和日、月、山、水等。

描写抽象事物的象形字，如：龙、鬼等。在现实生活中鬼并不存在，它只是观念中的实体。古人根据自己的理解，依据意中之象画成了甲骨文中的鬼，甲骨文 🦴 ＝ 🔲（田，面具）＋ 🧍（大，巫师），像戴着面具🔲的人🧍，表示祭祀仪式中头上戴着恐怖面具的巫师。龙是中国古代传说中的神异动物。甲骨文中的 🐉 也只是古人的意中之象。

象形字中的相当一部分是由用来记事的图画符号发展而来的。它是汉字构型的基础，但是象形作为一种构型法也有明显的局限，它只是一种初级的、简单的构形法。

在汉字的体系中，象形字的数量并不多，但其历史悠久而且多数成为创造新字的部件，因此掌握象形字非常重要。

二、指事

指事是一种初看可以辨识，仔细考察可以发现其中的意义的构字方法，汉字上、下就属于这一类型。指事字也可以分为以下两类：

一类是由抽象的符号构成的。如上、下、四等字甲骨文 二、𠀁、亖。这类字数量很少，多数源于原始的刻画符号。

一类是在象形基础上附加指事符号。这类字出现在象形字之后，在象形字的某一部位，附加指事符号，指事符号所在的地方往往是表意的关键所在。如：甲骨文、小篆中的本、末、刃、亦。

甲骨文 ⼽ 像一株树，上部是枝下部是根；"本"的金文 ⽊ 在树根部位加三点指事符号，表示树在地下的营养器官；"末"的金文 ⽊ 在树梢部位加一点指事符号，表示尾端。

甲骨文 ⼓ 是指事字，在"刀"的锋面 ⼓ 上方加一点指事符号 ⼁，表示刀口。篆文 ⼓ 将甲骨文字形中的 ⼓ 写成 ⼓。

甲骨文 ⼤ 是指事字，字形在一个人 ⼤ 的两臂下方各加一点指事符号 丶丶，表示人的两腋。篆文 ⼤ 承续甲骨文字形。

从人类思维的演进程序来看，指事是想象的进一步发展，它更为抽象，符号作用更为突出，是介于象形和会意之间的过渡形式，具有标志性的意义。

三、会意

会意就是把相关的单字或者偏旁组合在一起来表达一个新的意义，武、信就属于这一类。

会意字的形体相对繁复，因为它是由两个以上的单字或偏旁组成的合体结构。合体结构的各个部分组合在一起，能产生新的意义。但是这些字或偏旁组合在一起的意义指向却不一定是单一的。会意字包括两个层次。第一个层次是具象会意字，第二个层次是抽象会意字。

具象会意字是会意字的早期形态。它往往用两个以上具有代表性的象形字或者象形偏旁，用简洁的手法，通过描写生活中具体可感的事件或场景来表示语言中的词。如：甲骨文中的盥、射、利、尽。

甲骨文 ⼿ = ⼿（朝下的手）+ ⼢（皿，盛器），像一只手 ⼿ 伸进水盆 ⼢ 洗手。

甲骨文 ⼸ 像箭矢 ⟶ 正从弓子 ⼸ 上发出。

甲骨文 ⼒ = ⽲（禾，庄稼）+ ⼑（刀），像是用刀收割庄稼 ⽲，镰刀 ⼑ 与庄稼 ⽲ 之间的两点 ⼁，表示振落的庄稼籽实。

甲骨文 ⼫ = ⼣（皿，食物用完后空的盛器）+ ⼜（又，抓持）+ ⼿（毛，毛刷），表示吃完盛器中的食物后用毛刷清洁盛器。

具象会意字比较原始，具有较强的现场性和形象性，所表达的意义几乎一目了然。

抽象会意字各个部分之间的组合关系往往不是自然界或人类社会中已经存在的关系，而是一种意念关系。它所表达的意义不能一目了然，必须经过分析、领悟才能够体会出来。如甲骨文中的臭、光、闻、雀。

甲骨文 𤉡 = 𤰞（自，鼻子）+ 𤟓（犬，狗），表示犬鼻辨味。

甲骨文 𤎩 = 𤇾（火炬）+ 𠆢（人），字形像蹲跪着的人 𠆢擎着火炬 𤇾，高过头顶。

甲骨文 𦕁 = 𦥔（像一个人举起一只手在耳边）+ 𦣝（夸张的耳朵），表示举掌在耳边，以增强对声音信号的捕捉。

甲骨文 𨿳 = 𡭔（小）+ 𨿳（隹，鸟），表示体型小的鸟类。

抽象会意字出现在具象会意字之后，是会意字的高级形态。

四、形声

形声就是以表示事物类属的字为形符，取声同声近的字为声符组成新字。江、河就属于这一类。

根据字形是否表意，可将形声字分为声符表意的形声字和声符不表意的形声字。声符不表意的形声字如符、造、议、裳、绪等，声符只有表音的作用，与字义无关。

声符表意的形声字的声符表意都是通过声符的字形来表示的。只要分析声符的古文字体，就能够看出声符是否具有表意的功能。

形声字中形符或声符的写法一般都是完整的，形符和声符在形声字中所处的位置也是丰富多样的。形声字突破了汉字纯表意的局限，用表意与标音相结合的方式构造字形，大大提高了汉字对语言的适应能力，使汉字的构形技巧进入了一个更高的层次。

拓展练习

把下列汉字按照结构类型分类。

木　及　病　尽　本　搞　利　固　鱼　回　瓜　泻
墙　射　舟　家　北　川　湖　山　末　雀　亦　鬼

象形：_____

指事：_____

会意：_____

形声：_____

补充阅读

明察秋毫

曰："有复于王者曰：'吾力足以举百钧，而不足以举一羽；明足以察秋毫之末，而不见舆薪。'则王许之乎？"

曰："否。"

"今恩足以及禽兽，而功不至于百姓者，独何与？然则一羽之不举，为不用力焉；舆薪之不见，为不用明焉；百姓之不见保，为不用恩焉。故王之不王，不为也，非不能也。"

曰："不为者与不能者之形何以异？"

曰："挟太山以超北海，语人曰：'我不能。'是诚不能也。为长者折枝，语人曰：'我不能。'是不为也，非不能也。故王之不王，非挟太山以超北海之类也；王之不王，是折枝之类也。老吾老，以及人之老；幼吾幼，以及人之幼；天下可运于掌。"

译文

（孟子）说："（假如）有人报告大王说：'我的力气足以举起三千斤，却不能够举起一根羽毛；（我的）眼力足以看清鸟兽秋天新生细毛的末梢，却看不到整车的柴草。'那么，大王您相信吗？"

（齐宣王）说："不相信。"

（孟子说：）"如今您的恩德足以推及禽兽，而老百姓却得不到您的功德，却是为什么呢？这样看来，举不起一根羽毛，是不用力气的缘故；看不见整车的柴草，是不用目力的缘故；老百姓没有受到爱护，是不肯布施恩德的缘故。所以，大王您不能以王道统一天下，是不肯干，而不是不能干。"

（齐宣王）说："不肯干的人与不能干的人在表现上怎样区别？"

（孟子）说："（用胳膊）挟着泰山去跳过渤海，告诉别人说：'我做不到。'这确实是做不到。为长辈按摩，告诉别人说：'我做不到。'这是不肯做，而不是不能做。所以大王不能以王道统一天下，不属于（用胳膊）挟着泰山去跳过渤海这一类的事；大王不能以王道统一天下，属于为长辈按摩一类的事。尊敬自己的老人，进而推广到尊敬别人家的老人；爱护自己的孩子，进而推广到爱护别人家的孩子。（照此理去做）要统一天下就如同在手掌上转动东西那么容易了。"

《孟子·梁惠王上》

第三课

课文

郑人买履

郑人有且置履者⁽¹⁾，先自度其足⁽²⁾，而置之其坐⁽³⁾。至之市而忘操之⁽⁴⁾。已得履⁽⁵⁾，乃曰："吾忘持度⁽⁶⁾。"反归取之⁽⁷⁾。及反⁽⁸⁾，市罢⁽⁹⁾，遂不得履⁽¹⁰⁾。人曰："何不试之以足⁽¹¹⁾？"曰："宁信度，无自信也⁽¹²⁾。"

《韩非子·外储说左上》

题解

本篇寓言故事选自《韩非子·外储说左上》，告诉人们做事情应该根据实际情况，而不能墨守成规。如果只根据过去的经验办事的话，肯定会失败。这个故事讽刺了那些因循守旧、死抱教条不放的人。

注释

（1）郑：名词。郑国，中国古代诸侯国的国名。
    〔zhèng〕

    且：副词。将，将要。

    置：动词。买，购买。
    〔zhì〕

    履：名词。鞋。
    〔lǚ〕

27

郑人有且置履者：郑国有个想要买鞋子的人。

（2）自：代词。自己。

　　　度^{duó}：动词。量，计算。

度：动词。量，计算。

　　其：代词。他的。

　　先自度其足：他先量好自己的脚。

（3）而：连词。表示顺接，相当于于是、然后、就等。

　　置^{zhì}：动词。放，搁。

　　之：代词。它，指量好的尺码。

　　坐：名词。通"座"，座位。

　　而置之其坐：然后把量好的尺码放在座位上。

（4）至：动词。到，到达。

　　之：动词。去，到……去。

　　市：名词。集市，市场。

　　而：连词。表转折转折，相当于可是、但是、却等。

　　操^{cāo}：动词。拿着，握在手里。

　　之：代词。量好的尺码。

　　至之市而忘操之：（他）等到了市场才发现忘记带尺码了。

（5）得：动词。得到，拿到。

　　已得履：已经找到合适的鞋子。

（6）持^{chí}：动词。拿。

　　度^{dù}：名词。这里指（量好的）尺码。

　　吾忘持度：我忘记带（量好的）尺码了。

（7）反：动词。反，通"返"，返回。

　　归：动词。回家。

　　之：代词。量好的尺码。

　　反归取之：回家去取尺码。

（8）及：介词。到……的时候。

　　及反：等到回来的时候。

（9）罢：动词。结束。

        bà

    市罢：市场已经散了。

（10）遂：副词。于是，就。

        suì

    遂不得履：于是没有买到鞋子。

（11）何不：为什么不……？

    以：介词。用，拿。

    何不试之以足：为什么不用脚试呢？

（12）宁：副词。宁可，宁肯。

    无：副词。不。

    宁信度，无自信也：宁可相信尺码，也不相信自己的脚。

语法释析

一、"其"的用法

"其"是古代汉语中常用的一个字，既可以用作代词，也可以用作副词。

（一）"其"字的代词用法。

"其"字作代词，可以代人，也可以代物。"其"字主要用作定语，但有时还作主谓结构或分句中的主语，还可以作双宾语或兼语式中的宾语。作定语时，可译为"他（它）的"；作主语或宾语时，可译为"他（它）"。如：

（1）**其**乡人曰："肉食者谋之，又何间焉。"（《左传·庄公十年》）

    译：他的同乡说："做大官的人谋划它，（你）又何必参与呢？"

（2）发鸠之山，**其**上多柘木，有鸟焉，**其**状如乌。（《山海经·北山经》）

    译：发鸠这座山，它的上面长着许多柘木，有一种鸟在那里，它的形状像乌鸦。

（3）秦王恐**其**破璧，乃辞谢。（《史记·廉颇蔺相如列传》）

    译：秦王害怕他摔破和氏璧，就（向他）道歉。

（4）如其不才，君可自取。（《三国志·蜀书·诸葛亮传》）

译：如果他不成器，你可自己去做皇帝。

（5）孟尝君使人给其食用，无使乏。（《战国策·齐策四》）

译：孟尝君派人供给他吃的用的，让他不会感到缺乏。

（6）汉使兵距之巩，令其不得西。（《史记·项羽本纪》）

译：汉王派兵在巩县抵御楚君，让楚君不能向西进兵。

例（1）中的"其"作名词"乡人"的定语；例（2）中的"其"分别作名词"上"和"状"的定语；例（3）中的"其"作主谓结构的主语；例（4）中的"其"作分句的主语；例（5）中的"其"作动词"给"的间接宾语；例（6）中的"其"作兼语式中的宾语。

（二）"其"的副词用法。

在古代汉语中，"其"字还可以用作副词，表示反诘、推测等语气，是语气副词，在句子中作状语。语气副词"其"既可以放在句首，也可以放在句中，主要有两种用法。

第一，用在反问句中，表示反诘语气，这时，语气副词"其"可译为"难道"。如：

（1）一之为甚，其可再乎？（《左传·僖公五年》）

译：一次已经算是过分了，难道可以来第二次吗？

（2）呜呼！其真无马邪？（韩愈《马说》）

译：唉！难道果真没有千里马吗？

第二，用在陈述句或疑问句中，表示推测或委婉语气，含有"大概""还是"的意思，也可以不译。如：

（3）能安之者，其在君乎？（《三国志·魏书·武帝纪》）

译：能使百姓安定的人，大概是您吧！

例（3）中的"其"表示一种委婉的语气，可根据上下文意，译为"大概"或"还是"等。

二、介词结构"以……""于……"

（一）古代汉语介词结构"以……""于……"分别相当于现代汉语"用（拿）……""在（比）……"，但通常它们在句中的位置与现代汉语不同。

1. 古代汉语"以……"常用在动词后，现代汉语"用（拿）……"

常用在动词前。例如：

(1) 何不试之<u>以</u>足？（《韩非子·外储说左上》）

译：为什么不用脚试一试呢？

(2) 渴则饮<u>以</u>茗，或奉<u>以</u>烟。（《聊斋志异》）

译：渴了就拿些茶水给他喝，或者拿烟给他抽。

2. 古代汉语"于……"常用在主要动词或形容词的后面，现代汉语"在（比）……"常用在主要动词或形容词的前面。例如：

(1) 女娲游<u>于</u>东海。（《山海经·北山经》）

译：女娲在东海游玩。

(2) 楚人为小门<u>于</u>大门之侧而延晏子。（《晏子春秋·内篇杂上》）

译：楚国人在大门的旁边开了个小门请晏子进去。

(3) 无望民之多<u>于</u>邻国也。（《孟子·梁惠王上》）

译：不要希望人民会比邻国增多。

(二) 古代汉语"以……""于……"和现代汉语"用（拿）……""在（比）……"的位置偶尔也有相同的。

1. "以……"和"用（拿）……"的位置相同，用在动词的前面。例如：

(1) <u>以</u>先王之政治当时之民。（《韩非子·五蠹》）

译：用先王的政策治理当代的人民。

(2) <u>以</u>草火烧，瞬息可成。（《梦溪笔谈·技艺》）

译：用草火烧，转眼间就可以制成。

2. "于……"和"在（比）……"的位置相同，用在动词的前面。例如：

(1) 吾矛之利，<u>于</u>物无不陷也。（《韩非子·难一》）

译：我的矛很锋利，对于任何东西没有刺不穿的。

(2) 吕后侧耳<u>于</u>东厢听。（《史记·张丞相列传》）

译：吕后侧着耳朵在东边的堂屋里听。

由此可见，在古代汉语中，介词结构构成的介宾词组用在动词的后面作补语，可以补充说明动作行为发生的场所、对象、方式、时间等，这与现代汉语这类成分放在动词的前面不同。不过介宾词组用在动词后面作补语的情况在现代汉语中很少出现，出现时一般引出动作发生的地点或场所。如：

（1）食在广东，购在香港。

（2）美在心灵。

虽然存在以上例子，但它们其实是古代汉语的用法保留到现代汉语中的结果，更多的介宾词组是放在动词或者形容词前面起修饰的作用，充当状语的角色。因此，古代汉语用作补语的介宾词组在翻译成现代汉语时应该放在状语的位置。

三、固定格式"宁……无……"

"宁……无……"是表示取舍关系的格式，"宁"用在在前一分句表示选取，"无"用在后一分句里表示舍弃。可以为"宁可/宁愿……也不……"。例如：

（1）宁信度，无自信也。（《韩非子·外储说左上》）

译：宁可相信尺码，也不相信自己的脚啊！

（2）宁为鸡口，无为牛后。（《战国策·韩策一》）

译：宁可做鸡的嘴，也不做牛的尾巴。

练习

一、根据课文内容回答下列问题

1. 郑国人在买鞋之前做了什么？

2. 郑国人到了市场后为什么又返回家呢？

3. 郑国人发现忘记带尺码后他是怎么做的呢？

4. 当他再次返回市场时他买到鞋子了吗？为什么？

5. 旁边的人问了他什么问题？

6. 他是怎么回答旁人的问题的？

7. 这个故事告诉我们什么道理？

二、解释下列句子中加下划线的词的意义

1. 郑人有且置履者。

2. 先自<u>度</u>其足，而<u>置</u>之其<u>坐</u>。

3. <u>至</u>之市而忘<u>操</u>之。

4. 吾忘持<u>度</u>，<u>反</u>归取之。

5. <u>及</u>反，市<u>罢</u>，遂不得履。

6. 何<u>不</u>试之以足？

7. <u>宁</u>信度，无自信也。

三、解释下列句子中加下划线的词的用法和意义

1. 郑人有且置履<u>者</u>。

2. 先自度<u>其</u>足，<u>而</u>置之其坐。

3. 至之市<u>而</u>忘操<u>之</u>。

4. 吾忘持度。反归取<u>之</u>。

5. 及反，市罢，<u>遂</u>不得履。

6. 何不试之<u>以</u>足？

7. 宁信度，无自信<u>也</u>。

四、把下列句子翻译成现代汉语

1. 郑人有且置履者。

2. 先自度其足，而置之其坐。

3. 至之市而忘操之。

4. 吾忘持度，反归取之。

5. 及反，市罢，遂不得履。

6. 何不试之以足？

7. 宁信度，无自信也。

五、关于"其"的练习

（一）根据下列句子的意思，把"其"放在合适的位置上。

1. 空有某种名声或者名气。　　　　　徒＿有＿名

2. 迎合别人的喜好。　　　　　　　　投＿所＿好

3. 喜欢做某事且在其中获得乐趣。　　乐＿在＿中

4. 没有人能够说明它的奥妙。　　　　莫＿明＿妙

5. 好像没有那回事儿似的。　　　　　　若__无__事
6. 结果跟希望的正好相反。　　　　　　适__得__反

（二）指出下列句子中画线词语中的"其"在句子中代指什么。

1. 别看他其貌不扬，其实她是一位知名的科学家。
2. 这次战役双方的伤亡不计其数。
3. 欣赏这幅山水画让人有身临其境的感觉。
4. 在这样的公司里总是能够做到人尽其才。
5. 你这么目中无人总有一天会自食其果的。
6. 对于孩子的教育有时候我们也得投其所好并加以引导。

六、关于介宾词组的练习

（一）根据提示，用"于"改写下列句子。

1. 1989 年的春天深圳经济特区成立。
2. 这本书是从深圳书城购买的。
3. 这个发明对行动不便的老人比较适用。
4. 他曾向这位知名的画家求教。
5. 他整天沉迷在网络的世界里。

（二）根据下列句子的意思，把"以"放在合适的位置上。

1. 凭一个人的外貌来判断一个人。　　__貌__取__人
2. 拿不好的冒充好的。　　　　　　　__次__充__好
3. 用应有的礼节接待。　　　　　　　__礼__相__待
4. 用法律来约束。　　　　　　　　　__绳__之__法
5. 用弱势兵力打败强敌。　　　　　　__弱__胜__强
6. 用感情打动人。　　　　　　　　　__动__之__情
7. 一个人的力量顶十个人。　　　　　__一__当__十
8. 用道理说服对方。　　　　　　　　__晓__之__理

七、古语今用

1. "郑人有且置履者，先自度其足，而置之其坐"中"度"的拼音_____，作动词的"度"由"量"的意义引伸出来的意义有"推测"

34

"估计""衡量"。请解释下列句子中画线词语的意思，并指出其中"度"的发音和意义。

(1) 一位出色的决策者一定要善于审时度势，这样才能做出正确的判断和决定。

审时度势：＿＿＿＿＿＿＿＿＿＿＿＿＿＿＿＿＿＿

(2) 请不要随意地去揣度别人的想法，因为它很可能是错误的。

揣度：＿＿＿＿＿＿＿＿＿＿＿＿＿＿＿＿＿＿＿

(3) 在最危急的关头，这位消防员早已经把生死置之度外。

置之度外：＿＿＿＿＿＿＿＿＿＿＿＿＿＿＿＿＿

2. "至之市而忘操之"中"操"的意思是"拿"。由"拿""持"的意义引申出来的意义有"控制""掌握""从事""用某种语言或方言讲话"。请解释下列词语的"操"的属于上述哪种意义。

(1) 操刀：＿＿＿＿＿＿＿＿＿＿＿＿＿＿＿＿＿＿。

(2) 操纵：＿＿＿＿＿＿＿＿＿＿＿＿＿＿＿＿＿＿。

(3) 操持：＿＿＿＿＿＿＿＿＿＿＿＿＿＿＿＿＿＿。

(4) 操之过急：＿＿＿＿＿＿＿＿＿＿＿＿＿＿＿＿。

(5) 稳操胜券：＿＿＿＿＿＿＿＿＿＿＿＿＿＿＿＿。

(6) 操心：＿＿＿＿＿＿＿＿＿＿＿＿＿＿＿＿＿＿。

(7) 操北京口音：＿＿＿＿＿＿＿＿＿＿＿＿＿＿＿＿。

3. 写出"郑人有且置①履者，先自度其足，而置②之其坐"中两个"置"的不同意思。

置：①＿＿＿＿＿＿＿＿＿＿＿＿＿＿＿＿

②＿＿＿＿＿＿＿＿＿＿＿＿＿＿＿＿

解释下列句子中画线词语的意思，并说说其中的"置"是上述用法中的哪一种。

(1) 搬了新家后，你也该添置一些家具了。

添置：＿＿＿＿＿＿＿＿＿＿＿＿＿＿＿（　　）

(2) 这个科技公司的入口处设置了人脸识别的功能。

设置：＿＿＿＿＿＿＿＿＿＿＿＿＿＿＿（　　）

(3) 这次考试他居然考了一百分，这真是难以置信。

难以置信：＿＿＿＿＿＿＿＿＿＿＿＿＿（　　）

（4）为了孩子结婚，他们置办了好多东西。

　　置办：_____　（　　）

（5）在冲入火海的那一刻，他早已把生死置之度外。

　　置之度外：_____　（　　）

（6）对于身边发生的不文明行为你会置之不理吗？

　　置之不理：_____　（　　）

知识拓展

古今词义的演变

汉语的词义在各种因素的作用下，从古至今不断发展变化。从词义的范围来看，有扩大，有缩小，有弱化，有转移；从感情色彩来看，有褒贬义的变化；从程度来看，有轻重的变化。

一、词义的扩大

文言文中，某些词的原有意义比较狭小，后来它的意义有了发展，应用范围比原来广泛了，这种现象叫作词义的扩大。如"河内凶，则移其民于河东"（《孟子·梁惠王上》）中的"河"，在古代是专有名词，指黄河，而现在扩大成作为泛指的通名了。又如"是女子不好"（《史记·滑稽列传》）中的"好"，原来专指女子相貌好看，不涉及品德，而现在的"好"可泛指一切美好的性质，对人、事、物都可以修饰。这些都属于词义的扩大。

二、词义的缩小

词义的缩小，是指词的古义随着时代的变化逐渐变得狭小的现象。如"金就砺则利"（《荀子·劝学》）中的"金"，原来泛指一切金属，而在现代汉语中专指黄金。如"丈夫亦爱怜其子乎？"（《战国策·赵策四》）中的"丈夫"，是指成年男子，"生丈夫，二壶酒，一犬"（《国语·越语》）中的"丈夫"则是指男孩，在古代，不管是成年的还是未成年的，已婚的还是未婚的男人，均可称丈夫，但在现代汉语中"丈夫"一般仅指已婚女

36

子的配偶。再如"行李之往来，共其乏困"（《左传·僖公三十年》）中的"行李"，在古文中既可以指出使的人，也可以指出门所带的包裹箱子等，在该句中就是指出使的人，而在现代汉语中仅仅指出门所带的东西。这些都是词义的缩小。

三、词义的弱化

词义弱化是指词义程度的减弱。比如大家熟悉的"饥饿"中的"饿"字，古义是指严重的饥饿，已达到受死亡威胁的程度，如"饿其体肤，空乏其身"（《孟子·告子下》）中即用"饿"的古义，而现代汉语中"饿"是指一般的肚子饿。如"怨恨"的"怨"字，古义即"恨"，而今天的"怨"由古义"恨"减弱为"不满意、责备"的意思，如"任劳任怨"。再如今天的"疾病"一词中的"病"，和"疾"一样，都是指一般的生病，而古义中的"病"却和"疾"有别，是指大病。这些词的词义在今天看来，程度都减弱了。

四、词义的转移

古汉语中一些词义，随着历史的发展，由原来表示的对象，转移到表示另外一种对象，古今之间的差别较大，没有明显的联系，这就叫作词义的转移。文言词汇中这种现象较为常见。如"弃兵曳甲而走"（《孟子·梁惠王上》）中的"走"，古义是"跑，逃跑"，今天是"一步步地走"的意思。"以暴露百姓之骨于中原"（《国语·越语》）中的"中原"，古义指原野，而在现代则指中原地区。还有大家熟悉的"烈士暮年，壮心不已"（《龟虽寿》）中的"烈士"，本指有操守有抱负的男子，现在则专指为革命事业献身的人；"牺牲玉帛，弗敢加也"（《左传·庄公十年》）中的"牺牲"，古义指祭祀用作祭品的猪牛羊等，是名词，今义转移为为了某种目的而舍去自己的生命或权利，是动词。这些，都是典型的词义转移现象。

五、词义感情色彩的变化

古今词义在演变历史进程中，褒贬意义相互转化的现象，叫作词义的感情色彩变化。如"能谤讥于市朝，闻寡人之耳者，受下赏"（《战国策·

齐策一》）中的"谤"是"批评议论"之义，而今天的"谤"却是"恶意中伤"之意，已由中性词转变为贬义词。还有大家熟悉的"先帝不以臣卑鄙"（《出师表》）中的"卑"是指地位低下，"鄙"是指知识浅陋，并没有贬义，现在的"卑鄙"则指品质恶劣，已变为贬义词。

拓展练习

解释下列句子中加下划线的词语并说说它们古今词义的差别。

1. 河内凶，则移其民于河东。（《孟子·梁惠王上》）
2. 是女子不好。（《史记·滑稽列传》）
3. 金就砺则利。（《荀子·劝学》）
4. 生丈夫，二壶酒，一犬。（《国语·越语》）
5. 行李之往来，共其乏困。（《左传·僖公三十年》）
6. 饿其体肤，空乏其身。（《孟子·告子下》）
7. 弃兵曳甲而走。（《孟子·梁惠王上》）
8. 以暴露百姓之骨于中原。（《国语·越语》）
9. 烈士暮年，壮心不已。（《龟虽寿》）
10. 牺牲玉帛，弗敢加也。（《左传·庄公十年》）
11. 能谤讥于市朝，闻寡人之耳者，受下赏。（《战国策·齐策一》）
12. 先帝不以臣卑鄙。（《出师表》）

补充阅读

按图索骥

伯乐《相马经》有"隆颡蛈日，蹄如累曲"之语。其子执《马经》以求马，出见大蟾蜍，谓其父曰："得一马，略与相同，但蹄不如累曲尔。"伯乐知其子之愚，但转怒为笑曰："此马好跳，不堪御也。"

译文

伯乐《相马经》中有"高高的额头，眼睛鼓起，马蹄像叠起来的酒药饼子"之类的话。他的儿子拿着父亲写的《相马经》，到处找好马。（他按

照书上所绘的图形去找），发现有一只癞蛤蟆很像书中写的千里马具有的特征，便把癞蛤蟆带回家，对父亲说："我找到一匹千里马，具有你说的千里马的特征，只是蹄子不像叠起来的酒药饼子。"父亲知道儿子愚笨，不生气反而笑道："这马喜欢跳，不好驾驭。"

《艺林伐山》

第四课

课文

铁杵成针

李白少读书⁽¹⁾，未成⁽²⁾，弃去⁽³⁾。道逢老妪磨杵⁽⁴⁾，白问其故⁽⁵⁾。曰："欲作针⁽⁶⁾。"白笑其拙⁽⁷⁾。老妇曰："功到自成耳⁽⁸⁾。"白感其言⁽⁹⁾，遂还读卒业⁽¹⁰⁾，卒成名士⁽¹¹⁾。

《潜确类书》

题解

这个故事选自明代陈仁锡的《潜确类书》，《潜确类书》是明清时期民间非常流行的一部道德教育书，书中记述了300多个故事，这些故事在当时影响很大，而今已经很少提及。这个故事告诉人们只要有毅力，肯下苦功，做事情持之以恒，不要半途而废，就一定能成功，即"只要功夫深，铁杵磨成针"。

注释

（1）李白：字太白，唐代杰出诗人。

少：名词。少年。作状语，可译为"少年的时候"。

少读书：少年的时候（去）读书。

李白少读书：李白少年的时候（去）读书。

（2）未：副词。没有。

　　成：动词。完成。

　　未成：没有完成学业。

（3）弃：动词。放弃，抛弃。

　　去：动词。离开。

　　弃去：放弃（学习）而离开了（学校）。

（4）道：名词。路。作状语，可译为"在路上"。

　　逢：动词。遇见，遇到。

　　姁^{yù}：名词。年老的女人。

　　磨：动词。物体摩擦。

　　杵^{chǔ}：名词。棒槌^{chui}。

　　道逢老姁磨杵：在路上，（他）碰见一个老太太正在磨棒槌。

（5）其：代词。指"老姁"，可译为"她"。

　　故：名词。原因。

　　白问其故：李白问她为什么（这么做）。

（6）曰：动词。说。

　　欲：动词。想要。

　　欲作针：想要磨成一根针。

（7）笑：动词。嘲笑，讥笑。

　　拙^{zhuō}：形容词。笨。

　　白笑其拙：李白嘲笑她笨。

（8）功：名词。功夫，时间。

　　自：副词。自然。

　　成：动词。成功。

　　耳：语气词。表示肯定。

　　功到自然耳：功夫到了，自然就可以成功了。

（9）感：动词。动词的被动用法，被感动。

　　其：代词。指"老姁的"，可译为"她的"。

　　白感其言：李白被她的话感动了。

41

（10）遂：连词。于是，就。

还：动词。回去。

卒：动词。完成，结束。

业：名词。学业。

遂还读卒业：于是回去读书，完成学业。

（11）卒：副词。最终，最后。

成：动词。成为。

名：形容词。著名的，出名的。

士：名词。具有某种技能或品质的人。

卒成名士：最终成为一个著名的诗人。

语法释析

一、助词"耳"的用法

"耳"主要用作语气助词，经常用在句末，有时也用在句中，表示限止、肯定、停顿等语气。

（一）表示限止的语气。可译为"而已""罢了"。如：

（1）虎因喜，计之曰："技止此耳！"（《黔之驴》）

译：老虎于是高兴了，心想："本领只有这些罢了！"

（2）止增笑耳。（《聊斋志异·狼三则》）

译：只是增加笑料罢了。

（3）直不百步耳，是亦走也。（《孟子·梁惠王上》）

译：只是没有跑到一百步罢了，这也是逃跑啊。

（二）表示肯定的语气。可译为"啊""了"等。如：

（1）我新鬼，故身重耳。（《搜神记·宋定伯捉鬼》）

译：我是新鬼，所以身体重啊。

（2）曩者霸上、棘门军，若儿戏耳。（《史记·绛侯周勃世家》）

译：先前霸上、棘门的军队，像儿童游戏一样。

（3）公知狱讼之不正，故与之<u>耳</u>。（《说苑·政理》）

译：老头知道处理诉讼案件不公正，所以（把小马）给他了。

（三）表示停顿的语气。可不译出。例如：

昔甘茂之孙甘罗，年少<u>耳</u>，然名家之子孙，诸侯皆闻之。（《史记·樗里子甘茂列传》）

译：从前甘茂的孙子甘罗，年纪轻轻，却是名家的子孙，诸侯各国都知道他。

二、名词作状语

现代汉语中，作状语的一般是副词或介词短语，表示动作发生的情状、方式、处所、时间等，名词一般不作状语（时间名词除外）。但是在古代汉语中名词可以占据状语的位置，这就是名词作状语。把这种语法现象翻译成现代汉语时，要根据名词与谓语之间的关系进行翻译。它的用法也比较复杂，可以表示情状、方式等意义，而且往往具有浓厚的修辞色彩，具体可分为以下几类：

（一）表示动作行为的状态，常常可以翻译成"像……一样"。如：

（1）有狼当道，<u>人</u>立而啼。（《中山狼传》）

译：有一只狼挡在道上，像人一样站立着嚎叫。

（2）齐将田忌善而<u>客</u>待之。（《史记·孙子吴起列传》）

译：齐国大将田忌赞赏他，像待客人一样对待他。

（二）表示实施动作使用的工具，翻译成现代汉语时常常要加上"用""以"等介词。例如：

（1）<u>箕畚</u>运于渤海之尾。（《列子·汤问》）

译：用簸箕运到渤海边上。

（2）群臣后应者，臣请<u>剑</u>斩之。（《汉书·霍光传》）

译：各位大臣有不立即响应的，请让我用剑斩了他们。

（3）天下溺，援之以道；嫂溺，援之以<u>手</u>。子欲<u>手</u>援天下乎？（《孟子·离娄上》）

译：天下陷入混乱，用道去救济它；嫂嫂淹到水中，用手去救她。您想用手去救济天下吗？

（三）表示动作或行为发生的处所，可译为"在……"。例如：

（1）道逢一妇人。（《搜神记·董永妻》）

译：在路上遇到一个女子。

（2）东市买骏马。（《乐府诗集·木兰诗》）

译：在东市买骏马。

（3）草行露宿，重以饥冻，死者十七八。（《晋书·谢玄传》）

译：在荒草中行走，在野外住宿，再加上挨饿受冻，死亡的人有十分之七八。

（四）方位名词作状语，表示动作发生的方向。可译为"向……"。例如：

（1）北饮大泽。（《山海经·海外北经》）

译：向北（走）去喝大泽的水。

（2）听妇前致词。（《石壕吏》）

译：听老太太上前对差役说。

（五）时间名词"日""月""岁"等作状语，表示动作的频繁、连续、不间断。可译为"每天""每月""每年"。"日"表示"一天比一天""一天天"的意思，例如：

（1）邺三老，廷掾常岁赋敛百姓。（《史记·滑稽列传》）

译：邺县的三老、廷掾经常每年向百姓征收赋税。

（2）乡邻之生日蹙。（《柳宗元集·捕蛇者说》）

译：乡亲邻居们的生活一天比一天困难。

三、被动句

古代汉语的被动句式，一般不用"被"字表示。被动意义的表示方法大体可以分为两类：一类是有形式标记的，比如：在句子中有"于""见""为"等词语；另一类是没有形式标记的，就是说，被动句的形式和主动句一样。

古代汉语有标志的被动句主要有以下几种形式：

1. 动词后用介词"于"引进行为主动者。如：

劳心者治人，劳力者治于人。（《孟子·滕文公上》）

译：劳心的人治理别人，劳力的人被别人管理。

2. 动词前面加"见"。例如：

秦城恐不可得，徒见欺。（《史记·廉颇蔺相如列传》）

译：秦国的城邑恐怕得不到，白白地被欺骗。

带"见"的被动句往往与"于"配合，由"于"引进行为的主动者。例如：

吾长见笑于大方之家。（《庄子·秋水》）

译：我总是被懂得大道的人耻笑。

3. 动词的前面由"为"引进行为的主动者，当不必出现行为主动者时，只加上"为"。例如：

多多益善，何为为我禽（擒）？（《史记·淮阴侯列传》）

译：你带兵越多越好，为什么被我捉住了？

"为"字还常常与"所"字配合使用，形成"为……所……"式，"所"后面是主动者的行动。例如：

如姬父为人所杀。（《史记·魏公子列传》）

译：如姬的父亲被人杀死。

汉语中没有形式标记的被动句很多，在古代汉语中尤其普遍，这也是我们今天学习古代汉语的难点。我们今天阅读起来，要根据上下文仔细辨析，哪些是一般的主谓句，哪些是无标记的被动句。古代汉语无形式标记的被动句，主要有以下两类：

（一）出现主动者的被动句。例如：

（1）又荆州之民附操者，逼兵势耳。（《资治通鉴·赤壁之战》）

译：而且荆州的民众归附曹操，是被军事形势所逼迫罢了。

（2）大国以下小国，则取小国；小国以下大国，则取大国。故或下以取，或下而取。（《老子·第六十一章》）

译：大国去亲近小国，就会占有小国；小国去亲近大国，就会被大国吞并。所以，有的因亲近而占有别人，有的因亲近而被别人占有。

（二）不出现主动者的被动句，需要读者根据上下文来判断。如：

（1）兵<u>挫</u>地<u>削</u>，亡其六郡。（《史记·屈原贾生列传》）

  译：军队被打败土地被削减了，丢失了六个郡。

（2）龙逢<u>斩</u>，比干<u>剖</u>。（《庄子·胠篋qū qiè》）

  译：龙逢被斩首，比干被剖心。

（3）风至<u>苕</u>tiáo<u>折</u>。（《荀子·劝学》）

  译：风吹来，苇秆被折断。

练习

一、根据课文内容回答下列问题

1. 李白年少读书时离开学校出去玩遇到了什么事？

2. 老奶奶这么做的目的是什么？

3. 李白一开始听到老奶奶的话有什么反应？

4. 老奶奶为什么觉得这么做一定会达到目的？

5. 李白最终是怎么做的？

二、解释下列句子中加下划线的词的意义

1. 李白<u>少</u>读书，未成，弃去。

2. <u>道</u>逢一老妪磨杵，白问其故。

3. 白笑其<u>拙</u>。

4. 老妇曰："功到<u>自</u>成耳。"

5. 白<u>感</u>其言。

6. 遂还读<u>卒</u>业，卒成名士。

三、解释下列句子中加下划线的词的用法和意义

1. 李白少读书，<u>未</u>成，弃去。

2. 道逢一老妪磨杵，白问<u>其</u>故。

3. 白笑<u>其</u>拙。

4. 老妇曰："功到自成<u>耳</u>。"

5. 遂还读卒业，卒成名士。

四、把下列句子翻译成现代汉语

1. 李白少读书，未成，弃去。

2. 道逢一老妪磨杵，白问其故。

3. 白笑其拙。

4. 老妇曰："功到自成耳。"

5. 白感其言。

6. 遂还读卒业，卒成名士。

五、尝试把下列句子中的"耳"的用法归类

A. 表示限止，相当于"而已""罢了"。

B. 表示肯定或语句的停顿与结束，相当于现代汉语"了""啊""也"。

1. 子曰："二三子！偃之言是也。前言戏之耳。"（《论语·阳货》）
（　　）

2. 且壮士不死即已，死即举大名耳。（《史记·陈涉世家》）（　　）

3. 从此道至吾军，不过三十里耳。（《史记·项羽本纪》）（　　）

4. 本所以疑，正为此耳。（《世说新语·德行》）（　　）

5. 止增笑耳。（《聊斋志异·狼三则》）（　　）

6. 田横，齐之壮士耳。（《资治通鉴》）（　　）

六、指出下列词语中用作状语的名词，并把属于同一类名词作状语用法的成语归类并说明其用法

龙飞凤舞　狼吞虎咽　道听途说　昼伏夜出　世风日下
日新月异　东张西望　拳打脚踢　席卷全球　左顾右盼
瓜分天下　车载斗量　风餐露宿　朝发夕至

七、关于被动句的练习

（一）找出下列词语中被动义的表示方法，并解释词义。

1. 为人所不齿

2. 锲而不舍，金石可镂

3. 水滴石穿

4. 古为今用

5. 玉石俱焚

6. 鲜为人知

7. 精诚所至，金石为开

8. 受制于人

9. 见笑大方

10. 信而见疑

（二）根据下列句子中被动义的提示，试着翻译句子。

1. 吴广素爱人，士卒多为<u>用</u>者。（《史记·陈涉世家》）

2. 信而<u>见</u>疑，忠而被<u>谤</u>，能无怨乎？（《史记·屈原贾生列传》）

3. 蔓草犹不可除，况君之宠弟乎？（《左传·隐公元年》）

4. 风流总被<u>雨打风吹</u>去。（《永遇乐·京口北固亭怀古》）

5. 秦城恐不可得，徒<u>见</u>欺。（《史记·廉颇蔺相如列传》）

6. 今不速往，恐为操所<u>先</u>。（《资治通鉴·赤壁之战》）

7. 荆州之民附操者，<u>逼</u>兵势耳。（《资治通鉴·赤壁之战》）

8. 不者，若属皆且为所<u>虏</u>。（《史记·项羽本纪》）

9. 吾常<u>见</u>笑于大方之家。（《庄子·秋水》）

10. 身死人手，为天下<u>笑</u>者，何也？（《过秦论》）

八、古语今用

"老妇曰：'功到自成耳。'"中的"曰"的意思为：_____，在古代汉语中有此意的词还有云、道、言、语、谈等。尝试解释下列句子中加下划线的词的意思。

（1）总是对别人指手画脚、<u>说三道四</u>的人是很难交到朋友的。

    说三道四：_____

（2）她向我们<u>娓娓道来</u>这次旅程的不寻常的经历。

    娓娓道来：_____

（3）你应该有自己的想法，不能总是没有主见、<u>人云亦云</u>。

    人云亦云：_____

（4）律师大多数都是<u>能言善辩</u>的人。

　　能言善辩：_____

（5）对于怎么学好汉语的话题王老师不禁<u>侃侃而谈</u>。

　　侃侃而谈：_____

（6）千万不要被骗子的<u>花言巧语</u>所欺骗。

　　花言巧语：_____

（7）<u>千言万语</u>也表达不了我对老师的感谢之情。

　　千言万语：_____

知识拓展

词的本义和引申义

　　词的本义指一个词本来或者最初被创造出来的意义。比如我们在现代汉语中常常遇到的"执"，最早见于商代的甲骨文。"执"的古字形像用刑具将一个人的双手铐住。其本义指捕捉、捉拿。如《左传·僖公五年》："（虢）遂袭虞，灭之，执虞公。"又如《礼记·檀弓下》："而妻妾执。"后引申为拿着、握着。如《左传·哀公十七年》："诸侯盟，谁执牛耳？"古代诸侯订立盟约，要割牛耳歃血，由主盟国的代表拿着盛牛耳朵的盘子，故称主盟国为"执牛耳"，"执"引申为主持、掌管。后来，又引申为从事，如"执勤""执教"。进而引申为坚持，如各执己见、执迷不悟、固执。用作名词，指可拿作证明的凭据。如回执、收执、执照。

　　随着社会的发展，词的意义不断派生出来，只有本义的单义词是极少的，绝大多数词具有多个义项。由本义直接派生出来的意义叫作直接引申义，由引申义再引申出来的意义叫作间接引申义。还以"执"为例，用刑具将一个人的双手铐住，可以引申为跟手有关的拿着、握着，如："执笔""执剑"，还可以引申为主持、掌管，如"执政""执掌"，再进一步引申为从事，如"执勤""执教""执业"，而后又间接引申为坚持、不改变之义，如"固执""各执一词"。由上可见由"执"引申出来的意义离本义越来越远了，也越来越抽象了。

　　词义的引申总是遵循着一定的规律：

1. 本义是具体的，而引申义则越来越抽象。比如"引"的本义是"开弓射箭"，由于开弓射箭有向后拉的动作，就引申出"延长""后退"等抽象的意义。又如"道"的本义是"道路"，后来引申为完成某一行动或达到某一目的的"途径""方法"。

2. 本义反映个别事物，引申义则反映一般事物。比如"河"原来专指"黄河"，后来引申泛指其他江河。"雌雄"原来专门用于鸟类的性别，后来也用于区分兽类等其他动物的性别。

3. 本义多具有实在的意义，引申义的意义则越来越虚化。比如"被"的本义是"被子"，后来引申出"覆盖""蒙受"之义，又逐渐虚化为表被动的介词；"向"的本义是"朝北的窗户"，后逐渐虚化为介词，表示动作的方向。

一词多义的现象给汉语学习者带来很多的麻烦，比如"打""解"等单音节词的义项多达一二十个，不仅难以记忆，在句子中究竟是什么意思也难以判断。如果我们能够了解词的本义和引申义之间的发展规律，理清词义引申的层次途径，那无疑会对我们学习、理解和辨析多义词有很大的助益。

拓展练习

请找出下列字词义项中的本义、直接引申义和间接引申义，并体会引申义的发展。

1. 编

①把细长条状的东西交叉编织起来。

②把分散的事物按照一定的条理组织起来。

③编辑。

④创作。

⑤捏造。

2. 病

①生理或者心理上发生不正常的状态。

②害处，私弊。

③缺点，错误。

④祸害，损害。

⑤责备，不满。

3. 吃

①把食物等放到嘴里经过咀嚼咽下去（包括吸、喝）。

②依靠某种事物来生活。

③吸收。

④消灭。

⑤承受，禁受。

4. 法

①体现统治阶级的意志，由国家制定或认可，受国家强制力保证施行的行为规则的总称。

②方法，方式。

③标准，模范，可仿效的。

④仿效，效法。

5. 紧

①物体受到几方面的拉力或者压力以后所呈现的状态。

②使紧。

③非常接近，空隙极小。

④动作先后密切连接，事情急。

⑤经济不宽裕，拮据。

补充阅读

精卫填海

发鸠之山，其上多柘木。有鸟焉，其状如乌，文首，白喙，赤足，名曰"精卫"，其名自詨。是炎帝之少女，名曰女娃。女娃游于东海，溺而不返，故为精卫。常衔西山之木石，以堙于东海。

译文

发鸠这座山，它的上面有很多柘树。在柘树上有鸟，它的形状像乌鸦，头部有花纹，白色的嘴，红色的脚，名字叫"精卫"，它的叫声像自己呼唤自己的声音。这是炎帝的小女儿，名叫女娃。女娃去东海游玩，被溺死了，再也没有回来，所以化为精卫鸟。精卫鸟经常口衔西山上的树枝和石块，把它们填到东海里（想把东海填平）。

《山海经·北山经》

第五课

课文

自相矛盾

楚人有鬻盾与矛者⁽¹⁾，誉之曰⁽²⁾："吾盾之坚⁽³⁾，物莫能陷也⁽⁴⁾。"又誉其矛曰⁽⁵⁾："吾矛之利⁽⁶⁾，于物无不陷也⁽⁷⁾。"或曰⁽⁸⁾："以子之矛，陷子之盾，何如⁽⁹⁾？"其人弗能应也⁽¹⁰⁾。夫不可陷之盾与无不陷之矛⁽¹¹⁾，不可同世而立⁽¹²⁾。

《韩非子·难一》

题解

这篇寓言故事选自《韩非子·难一》，《韩非子》是中国古代战国时期法家代表人物韩非的哲理散文集，共五十五篇。韩非总结了春秋战国时期的历史经验，提出了以法治为主的一套完整的思想体系。他的思想为秦始皇所用，对建立和巩固统一的中央集权的封建国家起了很大的作用。这个故事讽刺了那些违反逻辑、吹牛撒谎、自相矛盾的人。

注释

（1）楚：名词。楚国，战国时期的一诸侯国。

　　　yù
　　鬻：动词。卖。

        dùn
        盾：名词。古代打仗时的一种武器。当敌人用枪等武器刺来时，可以用盾来挡住枪，以免被敌人刺伤。

        máo
        矛：名词。古代打仗时的一种武器，用来刺伤敌人。

        者：代词。……的人。

        有……者：有……的人。固定句式。

        楚人有鬻盾与矛者：楚国有一个卖盾和矛的人。

        yù
（2）誉：动词。称赞。

        之：代词。它，指他的盾。

        誉之曰：称赞他的盾说。

        wú
（3）吾：代词。我的。

        之：助词。用于主谓之间，取消句子独立性。

        坚：形容词。坚固，结实。

        吾盾之坚：我的盾（很）坚固。

（4）物：名词。东西。

        莫：代词。没有什么（东西）。

        能：助动词。能够。

        xiàn
        陷：动词。刺穿。

        也：语气词。表示判断和肯定。

        物莫能陷也：没有什么东西能够刺穿（它）。

（5）其：代词。他的。

        又誉其矛曰：又称赞他的矛说。

（6）利：形容词。尖利，锐利。

        吾矛之利：我的矛（很）锐利。

（7）于：介词。对于。

        无：副词。没有。

        于物无不陷也：没有什么东西不能被刺穿。

（8）或：代词。有的人。

        或曰：有人说。

（9）以：介词。用

子：代词。您，敬称。

之：助词。的。

何如：如何，怎么样。

以子之矛，陷子之盾，何如：用您的矛，来刺您的盾，（将会）怎么样呢？

（10）其：代词。那，那个。

弗^{fú}：副词。不。

应^{yìng}：动词。回答。

其人弗能应也：那个人不能回答。

（11）夫^{fú}：语气词。放在句首，表示要发表议论。

可：助动词。可以。

夫不可陷之盾与无不陷之矛：不能被刺穿的盾与（什么）都能刺穿的矛。

（12）同：形容词。相同，同一个。

世：名词。世界。

而：连词。连接状语与中心语，可不译。

立：动词。存在。

不可同世而立：不可能在同一个世界上存在。

语法释析

一、虚词"之"的用法

"之"是古代汉语常用词，主要用作代词和助词、动词。

（一）"之"作代词。

1. 人称代词称代人、事、物。常称代第三人称，可译为"他（们）""她（们）""它（们）"；有时称代第一人称，可译为"我（们）"；有时称代第二人称，可译为"你（们）""您"。例如：

（1）楚人有鬻盾与矛者，誉<u>之</u>曰："……"（《韩非子·难一》）

译：楚国有一个卖盾与矛的人，称赞盾说："……"

此句中的"之"是代词，代替上文出现的"盾"。

（2）小子识<u>之</u>！苛政猛于虎也。（《礼记·檀弓下》）

译：子路要记住，残暴的政令比老虎还要可怕！

（3）郑人有且置履者，先自度其足，而置<u>之</u>其坐。（《韩非子·外储说左上》）

译：郑国有个人想要买鞋子，他先量好自己的脚，然后把尺码放在他的座位上。

这种用法的"之"在现代汉语中多是保留的古语，如"不了了之""总而言之"，已经不太常用。

2. 指示代词。可译为"这""这种"。例如：

（1）皆守株<u>之</u>类也。（《韩非子·五蠹》）

译：都（属于）守株待兔一类的事情。

（2）<u>之</u>二虫又何如。（《庄子·逍遥游》）

译：这两个虫鸟又知道什么呢？

（二）"之"作助词。

1. 放在定语和中心语之间，相当于现代汉语的"的"，例如：

（1）以子<u>之</u>矛，陷子<u>之</u>盾。（《韩非子·难一》）

译：用您的矛，来刺您的盾。

（2）古<u>之</u>学者必有师。（《师说》）

译：古代求学的人一定有老师。

（3）夫不可陷<u>之</u>盾与无不陷<u>之</u>矛，不可同世而立。（《韩非子·难一》）

译：不能被刺穿的盾与（什么）都能刺穿的矛，不可能在同一个世界上存在。

这种用法的"之"后面的词多是名词，在译成现代汉语时，可翻译为"的"。要注意的是：第一，"之"的这种用法只是和现代汉语的助词"的"相当，两者的用法并不存在完全对应的关系；第二，在现代汉语中，"之"作为结构助词的用法已经很少使用，虽有如"她正在为难之际"

"人家是有夫之妇""心生喜爱之意"等，但是远不如结构助词"的"常用。

2. 放在前置宾语和谓语之间，作为宾语前置的标志。例如：

（1）宋何罪之有？（《墨子·公输》）

　　译：宋国有什么罪过？

（2）不骄者鲜，吾唯子之见。（《左传·定公十三年》）

　　译：富有而不骄傲的人很少，我只见到您一个。

"之"在古代汉语中是常见的宾语前置的标志，在上述例（1）中，用"之"把"有"的宾语"罪"提至前面；在例（2）中用"之"把"见"的宾语"子"提至前面。

3. 放在主语和谓语中间，取消句子的独立性，使这个句子成为词组或分句，且充当大句子的成分或复句的分句。这种用法可以叫作取消句子的独立性，在翻译成现代汉语时"之"可以不译，现代汉语中没有这种用法。例如：

（1）吾盾之坚，物莫能陷也。（《韩非子·难一》）

　　译：我的盾（很）坚固，没有什么东西能够刺穿（它）。

此句中的"盾"是名词，可以作主语，"坚"是形容词，可以作谓语，主语和谓语一结合就可以成为一个独立的句子，即"盾坚"可以成为一个句子。但在此句中，"盾"和"坚"之间插入了助词"之"，使本来是句子的"盾坚"不能独立成句，变成了分句，取消了"盾坚"作为独立句子的结构。

（2）人之为学有难易乎？（《白鹤堂集·为学》）

　　译：人们做学问有难和容易之分吗？

（三）"之"作动词。

去，到……去，例如；

（1）至之市而忘操之。（《韩非子·外储说左上》）

　　译：到了集市却忘了带尺码。

（2）吾欲之南海，何如？（《白鹤堂集·为学》）

　　译：我想要到南海去，怎么样？

二、状中之间的"而"

"而"是古代汉语中常用的连词，前面我们学习了"而"作连词表示顺接和转折的用法，这一课我们来了解一下状中之间的连词"而"，即连接状语和中心语的"而"。状中之间的"而"连接的两部分，前一部分是后一部分的状语，表示动作发生的原因、方式、目的、手段、情态、时间等。可译成"地""着"等，或者不译。例如：

（1）未至，道渴而死。（《山海经·海外北经》）

译：还没到达，就在路上渴死了。

（2）河曲智叟笑而止之。（《列子·汤问》）

译：河曲智叟笑着劝阻愚公。

（3）子路率尔而对。（《论语·先进》）

译：子路轻率地（抢先）回答（孔子的问题）。

（4）择师而教之。（《师说》）

译：选择老师教他。

（5）吾尝终日而思矣，不如须臾之所学也。（《荀子·劝学》）

译：我曾经整天地思考，（可是）不如一会儿工夫学到的东西多。

三、常用结构"有……者"

"有……者"常用在文章开头，用来介绍某个特定人物。"有……者"前常常出现限定性词语，表示其所在的范围，可译为"有……的人""有……的"。如：

（1）宋人有闵其苗之不长而揠之者。（《孟子·公孙丑上》）

译：宋国有个担心他的禾苗不生长而拔禾苗的人。

（2）宋人有耕者。（《韩非子·难一》）

译：宋国有个种田的人。

（3）楚人有涉江者。（《吕氏春秋·察今》）

译：楚国有个过江的人。

（4）门下有毛遂者。（《史记·平原君虞卿列传》）

译：门下有个叫毛遂的人。

在现代汉语中，叙述故事或事情的开始时也经常这样表述，目的是强调将要讲述的对象，只不过用的词语改变了。如"在我们班上有一个喜欢唱歌的女孩儿""村里有个叫刘义的人"等。

四、常用格式"何如"

"何如"是古代汉语常见的一个格式，表示询问，上文提出一种情况，下文再表示询问事态或结果，意思是"怎样""怎么样"。如：

（1）樊哙曰："今之事何如？"良曰："甚急！……"（《史记·项羽本纪》）

译：樊哙说："现在事情怎么样？"张良说："非常紧急！……"

（2）以子之矛，陷子之盾，何如？（《韩非子·难一》）

译：用您的矛，来刺您的盾，（将会）怎么样呢？

例（1）的"何如"问事态及其发展，例（2）的"何如"问可能产生的结果。

在现代汉语中，表示询问时，"何如"基本上已经不再使用（除了有文言色彩的文章外），而经常使用"怎样""怎么样""如何"。如：

明晚一起吃饭怎样/怎么样/如何？

"如何"在古代汉语中很常用。如：

（3）既为忠臣，不得为孝子，如何？（《世说新语·言语》）

译：已经成为忠臣，（可是）不能成为孝子，怎么办呢？

（4）那火已成了势，如何救得下？（《红楼梦》第一回）

在现代汉语中依然常用。如：

（5）如何解决人口问题？

（6）最近身体如何？

练习

一、根据课文内容回答下列问题

1. 卖矛和盾的楚国人是怎么夸他的矛的？

2. 卖矛和盾的楚国人又是怎么夸他的盾的？

3. 旁边的人问了卖矛和盾的楚国人什么问题？

4. 卖矛和盾的楚国人为什么不能够回答旁边人的问题？

5. 这个故事讽刺了什么样的人？

二、解释下列句子中加下划线的词的意义

1. 楚人有<u>鬻</u>盾与矛者，<u>誉</u>之曰：……
2. 吾盾之<u>坚</u>，物莫能<u>陷</u>也。
3. 吾矛之<u>利</u>，于物无不陷也。
4. 以子之矛，陷子之盾，<u>何如</u>？
5. 其人弗能<u>应</u>也。
6. 夫不可陷之盾与无不陷之矛，不可<u>同世</u>而<u>立</u>。

三、解释下列句子中加下划线的词的用法和意义

1. 楚人有鬻盾与矛者，誉<u>之</u>曰：……
2. 吾盾<u>之</u>坚，物莫能陷<u>也</u>。
3. 吾矛之利，<u>于</u>物无不陷也。
4. <u>以</u>子之矛，陷子之盾，何如？
5. <u>其</u>人弗能应也。
6. 夫不可陷之盾与无不陷之矛，不可同世<u>而</u>立。

四、把下列句子翻译成现代汉语

1. 楚人有鬻盾与矛者，誉之曰：……
2. 吾盾之坚，物莫能陷也。
3. 吾矛之利，于物无不陷也。
4. 以子之矛，陷子之盾，何如？
5. 其人弗能应也。
6. 夫不可陷之盾与无不陷之矛，不可同世而立。

五、用"之"改写下面带有"的"的短语

1. 创新的城市。　　　　　改写：＿＿＿＿＿＿＿＿
2. 改革开放的初期。　　　改写：＿＿＿＿＿＿＿＿
3. 南海的海边。　　　　　改写：＿＿＿＿＿＿＿＿滨
4. 讲求礼仪的国家。　　　改写：＿＿＿＿＿＿＿＿邦
5. 春天和夏天交汇的时间。改写：＿＿＿＿＿＿＿＿
6. 华夏文明的起源。　　　改写：＿＿＿＿＿＿＿＿

7. 超过别人的地方。　　　　　　改写：＿＿＿＿＿＿处

8. 将要死的人。　　　　　　　　改写：＿＿＿＿＿＿

9. 十份中的三份。　　　　　　　改写：＿＿＿＿＿＿

10. 世界最高的地方。　　　　　　改写：＿＿＿＿＿＿巅

六、根据下列句子的意思，把"之"放在合适的位置上

1. （把它）放在考虑之外。　　　置＿度＿外＿

2. 无法估计价格的宝物。　　　　无＿价＿宝＿

3. 想要得到它却得不到。　　　　求＿不＿得＿

4. 水井底下的青蛙。　　　　　　井＿底＿蛙＿

5. 发自内心的真诚的话。　　　　肺＿腑＿言＿

6. 总的来说（它）。　　　　　　总＿而＿言＿

7. （把它）放在一边，不去理会。　置＿不＿理＿

8. 完全当得起，没有可惭愧的地方。当＿无＿愧＿

七、尝试翻译下列句子并说明"之"的用法

1. 爱美之心，人皆有之。（《孟子·告子上》）

2. 知之为知之，不知为不知，是知也。（《论语·为政》）

3. 人之初，性本善。（《三字经》）

4. 勿以恶小而为之，勿以善小而不为。（《三国志·蜀书》）

5. 知其不可为而为之。（《论语·宪问》）

八、写出下列词语中的"而"用法属于哪一类

A. 连词，表顺接，相当于现代汉语的于是、然后、就。

B. 连词，表转折，相当于现代汉语的但是、可是、却。

C. 连词，状语和中心语之间，表示后面动作发生的原因、方式、目的、手段、情态、时间等，相当于现代汉语的"地""着"。

席地而坐　　（　　）

知难而退　　（　　）

满载而归　　（　　）

择善而从　　（　　）

无为而治　　（　　）

不约而同　　（　　）

竭泽而渔　　（　　）

知难而进　　（　　）

九、古语今用

1. 写出"吾盾之坚，物莫能陷也"中"陷"的意思是_____。现代汉语中的"陷"有陷阱、掉进、陷害、被攻破、缺点等义。尝试解释下列句子中含有"陷"的词语。

（1）自从见到她以后，他就深深地陷入爱里而无法自拔。

　　　陷入：_____

（2）他迷上了网游而且越陷越深。

　　　越陷越深：_____

（3）经过一昼夜的激战，他们终于攻陷了敌人的阵地。

　　　攻陷：_____

（4）每一次的社会变革都需要有带领人民冲锋陷阵的人。

　　　冲锋陷阵：_____

（5）这个新的手机操作系统还是有缺陷的。

　　　缺陷：_____

（6）汽车陷进了泥沙中无法继续前进。

　　　陷进：_____

2. 在句子"夫不可陷之盾与无不陷之矛，不可同世而立"中"立"的意思是_____。解释下列句子中含有"立"的词语。

（1）孩子学习成绩的下滑让父母坐立不安。

　　　坐立不安：_____

（2）今年是他的而立之年。

　　　而立之年：_____

（3）在关键时刻你应该当机立断，而不要犹豫不决。

　　　当机立断：_____

（4）这个改进措施收到了立竿见影的效果。

　　　立竿见影：_____

（5）你已经过了三十岁了，应该**成家立业**了。

　　　成家立业：＿＿＿＿＿＿＿＿＿＿＿＿＿＿＿＿＿＿＿

知识拓展

词类活用

　　古代汉语的词类划分及每一类的语法功能跟现代汉语基本一致。但有些词可以在具体的语句中临时改变它的语法功能，这就是词类活用，这也是古代汉语区别于现代汉语的语法特点之一。由于词类活用在现代汉语中已经很少见了，所以词类活用是现代人阅读古文最突出的障碍之一。古代汉语的词类活用主要有名词、形容词用作动词，名词作状语，使动用法和意动用法等，这些在语法注释部分我们会——讲解，在这里我们只做一个概括性的介绍。

一、名词、形容词用作动词

　　古代汉语中名词、形容词用作动词有两种情况：一是用作一般动词，这是比较常见的情况；二是使动用法和意动用法。名词、形容词用作一般动词例如：

（1）假舟楫者非能<u>水</u>也，而绝江河。（《荀子·劝学》）

　　　译：借助舟船的人，并不善于游泳，却可以横渡江河。

（2）驴不胜怒，<u>蹄</u>之。（《黔之驴》）

　　　译：驴非常生气，用蹄子踢老虎。

（3）今日不<u>雨</u>，明日不<u>雨</u>，即有死蚌。（《战国策·燕策二》）

　　　译：今天不下雨，明天不下雨，就会有死蚌。

　　上例（1）中"水"，例（2）中"蹄"，例（3）中"雨"都是普通名词用作动词。此外方位名词也可用作动词，例如下面例句中的"西"。

　　掠予舟而<u>西</u>也。（《后赤壁赋》）

　　译：从我船上掠过，向西飞去。

　　古代汉语有些形容词在一定的条件下会失去形容词的特点而活用为动词，作谓语，大多带宾语。例如：

（1）亲贤臣，远小人。（《出师表》）

译：亲近贤臣，疏远小人。

（2）渔人甚异之。（《桃花源记》）

译：渔人对此（眼前的景色）感到十分诧异。

上例（1）中"远"后跟着宾语"小人"作动词意为"疏远"。例（2）中"异"后面跟着宾语"之"作动词意为"感到诧异"。

在古代汉语的学习中，如果不知道词类活用的用法，就无法确切地理解文意，在具体的古文句子中我们可以依据上下文来判断名词、形容词活用作动词，具体有以下这些方法：

（1）两个名词相连，如果不是并列或者偏正关系，那么其中一个活用作动词。

（2）名词前面紧接着副词即活用作动词。

（3）助动词后面的名词、形容词活用作动词。

（4）名词、形容词后面紧跟着一个代词即活用作动词。

（5）名词用在介词结构的前面或者后面即活用作动词。

（6）名词在"焉""者"等词的前面常活用作动词。

（7）"所"后面的名词、形容词活用作动词。

最后需要注意的是，名词、形容词活用作动词后，也比较灵活，必须根据上下文仔细判断其语义。

二、名词作状语

现代汉语中，作状语的一般是副词或介词短语，表示动作发生的情状、方式、处所、时间等，名词一般不作状语（时间名词除外）。但是在古代汉语中名词可以占据状语的位置，这就是名词作状语。这在古代汉语中是比较常见的现象，把这种语法现象翻译成现代汉语时，要根据名词与谓语之间的关系进行翻译。例如：

（1）有狼当道，人立而啼。（《中山狼传》）

译：有一只狼挡在道上，像人一样站立着嚎叫。

（2）箕畚运于渤海之尾。（《列子·汤问》）

译：用簸箕运到渤海边上。

（3）道逢一妇人。（《搜神记·董永妻》）

译：在路上遇到一个女子。

（4）北饮大泽。（《山海经·海外北经》）

　　译：向北（走）去喝大泽的水。

三、使动用法

　　使动用法是表示谓语使宾语怎么样的意思。动词的使动用法以不及物动词居多，动词的使动用法和一般的动宾句的谓语在句子的结构上并没有差异，如果不从上下文仔细辨析，就容易误解古文的文意。例如：

（1）孟子将朝王。（《孟子·公孙丑上》）

　　译：孟子正要去朝见齐王。

（2）四年春正月，（汉武帝）朝诸侯王于甘泉宫。（《汉书·武帝纪》）

　　译：汉武帝四年春正月，汉武帝让诸侯来甘泉宫朝见他。

　　例（1）的"朝"是"朝见"的意思，它的主语是"孟子"。例（2）的"朝"是使动用法，不是汉武帝朝见诸侯，而是汉武帝让诸侯来朝见他。所以判断动词的使动用法时一定要根据上下文的文意仔细区别。

　　名词的使动用法表示宾语成为位于所代表的人或者物，如：

　　上欲侯贤而未有缘。（《汉书·董贤传》）

　　译：皇上想让董贤封侯而没有理由。

　　形容词的使动用法表示宾语具有这个形容词所表示的性质或者状态，例如：

　　冉有曰："既庶矣，又何加焉？"曰"富之"。（《论语·子路》）

　　译：冉有说："既然人口已经够多了，还要再做点什么呢？"孔子说："让他们富起来。"

四、意动用法

　　意动用法表示主语认为宾语具有谓语所代表的性质、状态。这是一种主观上的看法。意动用法只限于名词和形容词而且以形容词居多。例如：

（1）甘其食，美其服，安其居，乐其俗。（《老子·第八十章》）

　　译：小国之民觉得吃的东西香甜，衣服漂亮，住房舒适，社会风气好。

（2）时充国年七十余，上老之。（《汉书·赵充国传》）

　　译：当时赵充国（人名）七十多岁了，皇上认为他太老了。

（3）友风而子雨。（《荀子·赋》）

译：（云）以风为友，以雨为子。

例（1）（2）是形容词的意动用法，例（3）是名词的意动用法。从结构上看，意动用法和使动用法相同，区别主要在语义上。意动用法表示主观看法，使动用法表示客观存在，在阅读古籍时必须仔细分辨它们的意义。

拓展练习

找出下列句子中词性活用的词语，说明它的用法并解释词义。

1. 假舟楫者，非能水也，而绝江河。（《荀子·劝学》）

2. 有狼当道，人立而啼。（《中山狼传》）

3. 亲贤臣，远小人。（《出师表》）

4. 友风而子雨。（《荀子·赋》）

5. 北饮大泽。（《山海经·海外北经》）

6. 冉有曰："既庶矣，又何加焉？"曰"富之"。（《论语·子路》）

补充阅读

叶公好龙

叶公子高好龙，钩以写龙，凿以写龙，屋室雕文以写龙。于是天龙闻而下之，窥头于牖，施尾于堂。叶公见之，弃而还走，失其魂魄，五色无主。是叶公非好龙也，好夫似龙而非龙者也。

译文：

叶公很喜欢龙，衣服上的带钩刻着龙，酒壶、酒杯上刻着龙，房檐屋栋上雕刻着龙的花纹图案。他这样爱龙被天上的真龙知道后，真龙便从天上来到叶公家里。龙头搭在窗台上望，龙尾伸进了大厅。叶公一看到真龙，吓得转身就跑，好像掉了魂似的，脸色骤变。由此看来，叶公并非真的喜欢龙呀！他所喜欢的只不过是那些似龙非龙的东西罢了！

《新序·杂事五》

第六课

课文

远水不救近火

鲁穆公使众公子或宦于晋，或宦于荆⁽¹⁾。犁钽⁽²⁾曰："假人于越而救溺子⁽³⁾，越人虽善游，子必不生矣⁽⁴⁾。失火而取水于海⁽⁵⁾，海水虽多，火必不灭矣，远水不救近火也⁽⁶⁾。今晋与荆虽强，而齐近鲁，患其不救乎⁽⁷⁾！"

《韩非子·说林上》

题解

这篇寓言故事选自《韩非子》，《韩非子》是中国古代战国时期法家代表人物韩非的哲理散文集，共五十五篇。韩非总结了春秋战国时期的历史经验，提出了以法治为主的一套完整的思想体系。他的思想为秦始皇所用，对建立和巩固统一的中央集权的封建国家起了很大的作用。这个故事说明相距太远，来不及救援，解决不了眼前急迫的问题，也说明做事情应该考虑到眼前的利害关系，分清轻重缓急。

注释

（1）鲁穆公：名词。春秋末期鲁国君主，名显。鲁国在今山东省南部一带。

使：动词。派，让，叫。

众：形容词。许多，众多。

公子：名词。诸侯之子的称呼。

或：代词。有的。

^{huàn}

宦：动词。做官。

于：介词。在。

^{jìn}

晋：名词。春秋时期的诸侯国名，在今山西省南部和河北省南部。

^{jīng}

荆：名词。春秋时期的诸侯国名，楚国的别称，在今湖北、湖南一带。

鲁穆公使众公子或宦于晋，或宦于荆：鲁穆公让他的儿子们有的在晋国做官，有的在楚国做官。（当时鲁国很弱小，而晋、楚是大国，鲁穆公借送自己的儿子到晋、楚两国做官来与两国结盟，希望两国能成为鲁国的援助国）

（2）^{lí chú}犁鉏：名词。鲁国人。

（3）^{jiǎ}假：动词。借。

于：介词。从。

越：名词。春秋时诸侯国名，在今浙江一带，国中人都善于游泳。

而：连词。表示目的。

^{nì}溺：动词。淹没。这里指"掉到水里"。

子：名词。孩子。

假人于越而救溺子：从越国借人来救（在鲁国）落水的孩子。

（4）虽：连词。虽然。

善：动词。擅长，善于。

游：动词。游泳。

必：副词。必定，一定。

生：动词。活。

越人虽善游，子必不生矣：越国人虽然擅长游泳，但孩子一定救不活了。

（5）失火：动词。发生火灾。

而：连词。却，表转折。

失火而取水于海：发生火灾后却去大海中取水。

（6）远水：名词。远方的水。

近火：名词。附近的火。

海水虽多，火必不灭矣，远水不救近火也：海水虽然很多，定不能灭火，（因为）远方的海水不能扑灭附近的火灾。

（7）齐：名词。春秋时的诸侯国名，在今山东北部一带，与鲁国相邻。

患^{huàn}：动词。忧虑，担心。

患：动词。忧虑，担心。

其：代词。他们，代指晋国和荆国。

乎：语气词。用于句末，表示测度语气。

今晋与荆虽强，而齐近鲁，患其不救乎：现在晋国和楚国虽然强大，但齐国离鲁国很近，（如果鲁国与齐国发生战争，）恐怕他们救不了鲁国吧！

语法释析

一、乎

在古代汉语中，"乎"是个使用频率很高的词，它可以作语气助词、介词、词尾。

（一）"乎"作语气助词。

"乎"作语气助词，可以表示疑问或反问，译作"吗""呢"，如：

（1）管仲俭乎？（《论语·八佾》）

译：管仲节俭吗？

（2）子将大灭卫乎？抑纳君而已乎？（《左传·哀公二十六年》）

    译：您是打算大举灭亡卫国呢，还是把国君送回来就算了呢？

（3）王侯将相宁有种乎？（《史记·陈涉世家》）

    译：国王诸侯将军宰相难道天生都是好命贵种吗？

（4）孰为（谓）汝多知乎？（《列子·汤问》）

    译：谁说你聪明多智呢？

可以表测度，译作"吧"，如：

（5）其陈桓公之谓乎？（《左传·隐公六年》）

    译：这是陈桓公说的话吧？

（6）吾闻圣人不相，殆先生乎？（《史记·范雎蔡泽列传》）

    译：我听说圣人不会从相貌上显露，大概就是说的先生您吧？

（7）日食饮得无衰乎？（《战国策·赵策四》）

    译：平常的饮食没有减少吧？

（8）将军岂有意乎？（《三国志·蜀书·诸葛亮传》）

    译：将军大概有这个意思吧？

可以表祈使、建议，译作"吧"，如：

（9）夫袪犹在，女其行乎！（《左传·僖公二十四年》）

    译：被斩断的那只袖口还在，你还是走吧！

（10）长铗归来乎！食无鱼。（《史记·孟尝君列传》）

    译：长剑我们回去吧！没有鱼吃。

可以表呼告，译作"啊，哪，呀"等，如：

（11）天乎！吾无罪。（《史记·秦始皇本纪》）

    译：天啊，我没有罪。

（12）参乎！吾道一以贯之。（《论语·里仁》）

    译：曾参啊！我讲的道是由一个道理把它贯穿起来的。

（二）"乎"作介词。

"乎"作介词，介绍处所或时间，"在""从""到"；介绍直接涉及的对象（不译）；介绍旁及的对象，"向""对"；介绍比较的对象，"比"等，如：

（1）以吾一日长乎尔，毋吾以也。（《论语·先进》）

译：因为我比你们年长一些，不要因为我（年长而不敢说话）。

（2）今虽死乎此，比吾乡邻之死则已后矣。（《捕蛇者说》）

译：现在我即使死在这差事上，与我的乡邻相比，我已经死在他们后面了。

（3）吾亦疑乎是。（《捕蛇者说》）

译：我也曾对此表示怀疑。

（4）生乎吾前者，其闻道也固先乎吾，吾从而师之。（《师说》）

译：在我之前出生的人，他们听闻见识事情本来比我早，我就跟随他们，把他们当作老师。

（5）何忧乎驩兜？何迁乎有苗？（《尚书·皋陶谟》）

译：何必担心驩兜族？何必流放有苗部？

（6）游于江海，淹乎大沼。（《战国策·楚策四》）

译：在江海上翱翔，在大沼泽边停留。

（三）"乎"作词尾。

"乎"作词尾，用于形容词或副词的后面，表示情貌，作状语，翻译时可不译，如：

（1）奋其六翮，而凌清风，飘摇乎高翔。（《战国策·楚策四》）

译：展开翅膀，驾着清风，在高空飞翔。

（2）泊乎无为，澹乎自持。（《史记·司马相如传》）

译：安静无为，淡泊自守。

二、虚词"而"（表目的）

"而"字是古代汉语中极常用的一个虚词，主要用作连词，一般连接谓词性（主要是动词和形容词）的词与词、词组与词组以及句子与句子。"而"字本身没有什么实际意义，但可以有多种译法，这完全取决于它所连接的前后两项的语义关系。因此，要掌握"而"的具体使用情况，必须先分析它所处的语义环境。在本课中，主要学习虚词"而"用作表达目的的用法，相当于现代汉语中的"来""为了""为的是"。如：

（1）籍吏民，封府库，而待将军。（《史记·项羽本纪》）

译：登记官吏百姓的户籍，查封官府金库，来等待将军驾临。

（2）缦立远视，<u>而</u>望幸焉。（《阿房宫赋》）

译：久久地伫立着、眺望着，为的是希望帝王宠幸。

（3）外连横<u>而</u>斗诸侯。（《过秦论》）

译：对外实行连横策略，来使诸侯自相争斗。

三、虽……必……

虽……必……是古代汉语中一个常见的固定结构，表示"虽然……，（但是）一定、必然、肯定……"或"即使……，（也）一定、必然、肯定……"，如：

（1）国<u>虽</u>大，好战<u>必</u>亡；天下<u>虽</u>安，忘战<u>必</u>危。（《司马法·仁本》）

译：国家虽然大，但是好战必定会灭亡；天下虽然已经安定，但忘记战斗必定会遭遇危机。

（2）果能此道矣，<u>虽</u>愚<u>必</u>明，<u>虽</u>柔<u>必</u>强。（《礼记·中庸》）

译：如果真能这样做，即使愚笨也会变得聪明，即使柔弱也会变得刚强。

（3）<u>虽</u>小道，<u>必</u>有可观者焉。（《论语·子张》）

译：即使是小的技艺，也一定有可取之处。

练习

一、根据课文内容回答下列问题

1. 鲁穆公试图用什么方法与晋、荆两国结盟？

2. 课文中犁钮用两个故事来说明自己的观点，它们分别是什么？

3. 犁钮用课文中的两个故事说明了什么道理？

二、解释下列句子中加下划线的词的意义

1. 鲁穆公使众公子<u>或</u>宦于晋，或宦于荆。

2. 犁钮曰："<u>假</u>人于越而救溺子。"

3. 越人虽<u>善</u>游，子必不生矣。

4. 失火而取水于海。

5. 今晋与荆虽强，而齐近鲁，<u>患</u>其不救乎！

三、解释下列句子中加下划线的词的用法和意义

1. 鲁穆公<u>使</u>众公子或宦<u>于</u>晋，或宦于荆。

2. 犁钼曰："假人<u>于</u>越<u>而</u>救溺子。"

3. 越人<u>虽</u>善游，子必不生<u>矣</u>。

4. 失火<u>而</u>取水于海。

5. 今晋与荆虽强，<u>而</u>齐近鲁，患<u>其</u>不救<u>乎</u>！

四、把下列句子翻译成现代汉语

1. 鲁穆公使众公子或宦于晋，或宦于荆。

2. 假人于越而救溺子，越人虽善游，子必不生矣。

3. 失火而取水于海，海水虽多，火必不灭矣，远水不救近火也。

4. 今晋与荆虽强，而齐近鲁，患其不救乎！

五、关于"乎"的练习

（一）根据下列句子的意思，把"乎"放在合适的位置上：

1. 超出了原来的猜想和预测　　　　出__意__料__

2. 比微小的更微小　　　　　　　　微__其__微__

3. 不是也很快乐吗？　　　　　　　不__亦__乐__

4. 忘记了应有的样子　　　　　　　忘__所__以__

5. 和平常的不同　　　　　　　　　异__寻__常__

6. 从情感中发出，在礼节上停止　　发__情__，止__礼__

7. 对他的技艺感到很神奇　　　　　神__其__技__

8. 存在于心中的一个想法或一个念头　存__一__心__

（二）根据句意，用以上词语填空：

1. 今年夏天深圳的天气热得（　　　　　　），连我这个"老深圳"也受不了了。

2. 中国羽毛球公开赛男子单打决赛结果（　　　　　　），名不见经传的马来西亚选手刘天国夺得了冠军。夺冠后，他激动得（　　　　　　），将球衣扔向了观众席。

3. 病人治愈的机会（　　　　　　），医院已经向家人下达了病危通

知书。

4. 宁静假日，约三五好友，品酒聊天，共话时事，（　　　　　　）？

5. 破坏？保护？杀害？拯救？对动物保护事业的态度（　　　　）。

6. 魔术师（　　　　　　）的表演赢得了全场观众经久不息的掌声。

7. 对现代男女来说，恋爱关系中"（　　　　　　）"不过是老祖宗书本上的陈腐约束，并不会影响双方亲密行为的发生。

六、古语今用

1. "假人于越而救溺子"中"假"的意思是＿＿＿＿。根据这一义项解释下列句子中含有"假"的词语。

（1）他的做事风格就是亲力亲为，<u>不假他人之手</u>。

　　　不假他人之手：＿＿＿＿＿＿＿＿＿＿＿＿＿＿＿＿＿＿＿＿

（2）某些超级大国，<u>假联合国之名义</u>，行满足一己私利之事。

　　　假联合国之名义：＿＿＿＿＿＿＿＿＿＿＿＿＿＿＿＿＿＿

（3）他当了 40 年村主任，从不曾干过一件<u>假公济私</u>，为自己捞好处的事！

　　　假公济私：＿＿＿＿＿＿＿＿＿＿＿＿＿＿＿＿＿＿＿＿＿

（4）<u>假借</u>公安局办案人员的名义进行电话诈骗，早已不是一种新鲜的诈骗方式。

　　　假借：＿＿＿＿＿＿＿＿＿＿＿＿＿＿＿＿＿＿＿＿＿＿＿

2. "越人虽善游，子必不生矣"中"善"的意思是＿＿＿＿。根据这一义项解释下列句子中含有"善"的词语。

（1）张宝全从小伶牙俐齿、<u>能言善辩</u>，大学时加入校辩论队本来就是顺理成章的事。

　　　能言善辩：＿＿＿＿＿＿＿＿＿＿＿＿＿＿＿＿＿＿＿＿＿

（2）根据中国古代历史，今浙江一带古为越国，越人<u>善制剑</u>。

　　　善制剑：＿＿＿＿＿＿＿＿＿＿＿＿＿＿＿＿＿＿＿＿＿＿

（3）能否<u>知人善任</u>也是衡量一位领导工作能力的重要指标。

　　　知人善任：＿＿＿＿＿＿＿＿＿＿＿＿＿＿＿＿＿＿＿＿＿

（4）本人希望寻觅一位温柔善良、性格平和、<u>善解人意</u>的女性为伴。

　　　善解人意：＿＿＿＿＿＿＿＿＿＿＿＿＿＿＿＿＿＿＿＿＿

3. "今晋与荆虽强，而齐近鲁，患其不救乎"中"患"的意思是_____。根据这一义项解释下列句子中含有"患"的词语。

（1）儿子，古人说的好"<u>大丈夫何患无妻</u>"，只要你好好做人、踏实做事，一定能找到理想的终身伴侣。

大丈夫何患无妻：_____

（2）利益面前难免<u>患得患失</u>，这原本也是人之常情。

患得患失：_____

（3）可以说，中国人传统的得失心都在一句话，"<u>不患寡而患不均</u>"。

不患寡而患不均：_____

知识拓展

古代汉语中的语气词

语气指的是人们在说话时表现出来的口气，体现的是人们对所说事物的情绪、态度和感情等因素。交际中常用的语气包括陈述、疑问、祈使、感叹四种。汉语语气主要通过词汇形式、句子类型、语调及语气词来表达，用来表达语气的词语就是语气词。当然，现代汉语经过多年的演变，在语气词的使用规则和习惯上已经较古代汉语发生了很大的变化，很多古代汉语中的语气词在现代汉语中也已不再使用。

按照语气词在句中的位置，古代汉语的语气词可以分为句首、句中、句尾三种；按照语气词在句中的作用则可分为表示陈述、判断、解释的语气词，表示是非、选择、揣测、反诘的语气词，表示感叹、命令、商量、请求的语气词三种。下面，我们从语气词在句中的位置这个角度来探讨一下古代汉语中语气词的用法。

一、句首语气词

古代汉语中句首语气词主要有"夫""盖""惟（唯、维）"等。

1. "夫"在古代汉语中作为句首语气词起提示下文的作用，经常用来引发议论，称为"发语词"。如："夫将者，国之辅也。"（《孙子兵法·谋攻》）"夫秦有虎狼之心。"（《史记·项羽本纪》）上述两例均为此种用法。

2. "盖"作为句首语气词时主要有两种用法。一种用于引发议论，此种情况不需释义；另外一种表示猜测或解释语气，也可用于句中，相当于现代汉语中的"大概、可能是"。如"盖天下万物之萌生，靡不有死"（《史记·文帝纪》）一句中即为引发下文议论之意。"盖有之矣，我未之见也"（《论语·里仁》）一句中则为表示猜测的大概之意。

3. "惟"用作句首语气词时同"唯、维"，主要有两种用法。一种用于引出主语或年月，没有实际意义，如"惟士无田，则亦不祭"（《孟子·滕文公下》）；另外一种则用于表示期望的语气，如"阙秦以利晋，唯君图之"（《左传·僖公三十年》）。

二、句中语气词

古代汉语的句中语气词主要有"者""也"两个。

1. "者"用在句中主要表示提顿语气，即在表示停顿的同时兼具提示下文的作用。如："廉颇者，赵之良将也。"（《史记·廉颇蔺相如列传》）

2. "也"在古代汉语中主要作为句尾语气词出现，但有时也用在句中表达停顿语气，起提示下文舒缓节奏的作用。如："是说也，人常疑之。"（《石钟山记》）

三、句尾语气词

古代汉语的句尾语气词主要有"也、矣、已、耳、焉、哉、夫、兮、邪（耶）、与（欤）、乎"等。

1. "也"通常用在陈述句尾表示判断、解释、肯定、感叹等语气，相当于现代汉语中的"是"。如"城北徐公，齐国之美丽者也"（《战国策·齐策一》），语气上可以理解为"城北的徐公是齐国的美男子"。"呜呼！灭六国者六国也，非秦也。族秦者秦也，非天下也"（《阿房宫赋》）中的"也"则既包含了判断的语气，又表达了作者的感叹。

"也"用在表示疑问句末可表示疑问或反诘的语气，相当于现代汉语中的"呢"。如："公子畏死邪？何泣也？"（《史记·信陵君列传》）"吾王庶几无疾病与，何以能鼓乐也？"（《孟子·梁惠王下》）上述两例都是这样的语气。

此外，"也"作为句尾语气词，还可用来表达祈使的语气，如"当相与共谋之，勿令姊有穷途之虑也"（《警世通言·杜十娘怒沉百宝箱》）一句中即为此用法。

2. "矣"与现代汉语中的语气词"了"的作用大致相当，通常用在陈述句尾表示情况的完成、变化，同时，"矣"也可以用于表示将会怎样，也就是预料将会发生某种情况，并将这种新情况告诉别人。如"吾属今为之虏矣"（《史记·项羽本纪》），表达的是告诉别人"我们这些人就要被他俘虏了"。"有吴则无越，有越则无吴矣！"（《国语·勾践灭吴》）则是说"有吴国就没有越国，如果有越国就不会有吴国了"。"矣"作为语气词用于描写性句式时，往往带有感叹意味的语气，在古代汉语中，有时会把带有"矣"的谓语位置提前，使感叹的语气更加明显。如"甚矣，汝之不惠"（《列子·汤问》）一句，将"汝之不惠甚矣"倒装，以此强调为"你太不聪明了"这样的感叹。"远矣，全德之君子"（《庄子·田子方》）更是明显地表达出了对"全德君子"远去的惋惜之情。此外，"矣"在祈使句中的作用相当于现代汉语"不要……了""别……了""不会……了"中的"了"。如："善哉，吾请无攻宋矣"（《墨子·公输》）中表达的意思就是"我请公输盘不要攻打宋国了"。"矣"用于疑问句时需要与专门的表示疑问的词合用，如："危而不持，颠而不扶，则将焉用彼相矣"（《论语·季氏》）一句中，"矣"与表示反问语气的"焉"合用。

3. "已"在语气上与"矣"作用相近，其原意为"完""结束"，表达"停止、限制当前"的语气，表示事实止于这种情况，有"而已"的意思。一般可以理解为现代汉语中的"了"或"啦"。

4. "耳"是"而已"的合音，一般用在陈述句尾，表达"不过如此，只是这样"的语气，相当于现代汉语中的"而已、罢了"。

5. "焉"在古代汉语中具有多种用法，作为句尾语气词时相当于现代汉语中的"了""啊""呢"，表达一种肯定事实或通过反问进行肯定的语气。如："丹以荆卿为计，始速祸焉"（《六国论》）中的"焉"相当于"了"的语气。"则牛羊何择焉？"（《孟子·梁惠王上》）中的"焉"则通过反问的形式表达了肯定事实的语气。

6. "哉"用在感叹句句尾表达强烈的感叹语气，相当于现代汉语中的"啊"。如："楚国若有大事，子其危哉！"（《左传·昭公二十七年》）表达了强烈的忧虑之情。"哉"也用于反问句句尾，依然表达感叹的语气，在这种情况下通常与句中的疑问代词或"岂"前后呼应，相当于现代汉语中的"啊、呢"。如："以游无穷者，彼且恶乎待哉？"（《庄子·逍遥游》）

7. "夫"作为句尾语气词用在感叹句尾，表示感叹语气，偏向于惋惜悲伤的情绪，相当于现代汉语中的"啊"。如："逝者如斯夫！不舍昼夜"（《论语·子罕》）一句正是用"夫"表达了对时光飞逝的感慨和惋惜。

8. "兮"通常用于诗词等韵文的感叹句尾，以此抒发情感，相当于现代汉语中的"啊、呀"等。如"大风起兮云飞扬，威加海内兮归故乡，安得猛士兮守四方。"（《大风歌》）一诗中，作者用三个"兮"字雄浑豪放地直抒胸臆。

9. "邪"在古代汉语中作为语气词，用于表达疑问语气，同"耶"，相当于现代汉语中的"吗""呢"。如："其真无马邪？其真不知马也。"（《马说》）。

10. "与"在古代汉语中作为语气词，用于表达疑问、反问、感叹等语气，同"欤"，相当于现代汉语中的"吗""呢""啊"。如："而君逆寡人者，轻寡人与？"（《战国策·魏策四》）说的就是"是轻视我吗"的意思。

11. "乎"是古代汉语中使用频率最高的疑问语气词，详细论述请参见本课语法释析。

拓展练习

简要说明下列古文句式中语气词所表达的语气。

1. 俱往<u>矣</u>，数风流人物，还看今朝。（《沁园春·雪》）

2. 赵王岂以一璧之故欺秦<u>邪</u>？（《史记·廉颇蔺相如列传》）

3. 虽杀臣，不能绝<u>也</u>。（《墨子·公输》）

4. 一羽之不举，为不用力<u>焉</u>。（《孟子·梁惠王上》）

5. 丈夫亦爱怜其少子<u>乎</u>？（《战国策·赵策四》）

6. 路漫漫其修远<u>兮</u>，吾将上下而求索。（《离骚》）

7. 此二人<u>者</u>，实弑寡君。（《左传·隐公四年》）

8. <u>夫</u>六国与秦皆诸侯，其势弱于秦。（《六国论》）

9. <u>盖</u>余所至，比好游者尚不能十一。（《游褒禅山记》）

10. 故敢略陈其愚，<u>惟</u>君子察焉。（《报孙会宗书》）

补充阅读

火烧裳尾

有人性宽缓，冬日共人围炉，见人裳尾为火所烧，乃曰："有一事，见之已久，欲言之，恐君性急；不言，恐君伤太多，然则言之是耶？不言之是耶？"人问何事，曰："火烧君裳。"遂收衣火灭，大怒曰："见之久，何不早道？"其人曰："我言君性急，果是！"

译文：

有一个慢性子的人，冬天与别人围炉烤火，见别人的衣角被火烧着了，就说："有一件事，我早就发现了，想对您说，怕您沉不住气；不对您说，又怕您损失太多，那么到底是说好呢还是不说好呢？"那人问到底是什么事，回答说："火烧着您的衣角了。"那人于是赶快把火灭了，生气地对他吼道："既已发现，为什么不早告诉我？"慢性子的人说："我说您性急吧，果然如此！"

《籍川笑林》

第七课

课文

曾子之妻之市

曾子之妻之市⁽¹⁾，其子随之而泣⁽²⁾，其母曰："女还⁽³⁾，顾反为女杀彘⁽⁴⁾。"妻适市来⁽⁵⁾，曾子欲捕彘杀之，妻止之曰："特与婴儿戏耳。⁽⁶⁾"曾子曰："婴儿非与戏也，婴儿非有知也⁽⁷⁾，待父母而学者也⁽⁸⁾，听父母之教，今子欺之⁽⁹⁾，是教子欺也⁽¹⁰⁾。母欺子，子而不信其母，非所以成教也⁽¹¹⁾。"遂烹彘也⁽¹²⁾。

《韩非子·外储说左上》

题解

这篇寓言故事选自《韩非子·外储说左上》，《韩非子》是法家代表人物韩非的哲理散文集，共五十五篇。韩非总结了春秋战国时期的历史经验，提出了以法治为主的一套完整的思想体系。他的思想为秦始皇所用，对建立和巩固统一的中央集权的封建国家起了很大的作用。本篇通过曾子因妻子的一句戏言而杀猪的故事，说明父母是孩子的第一位老师，对孩子的影响很大。为人父母者，应该注意对孩子的言传身教。

注释

（1）之（市）：动词。往、到……去。

市：名词。集市、市场。

曾子之妻之市：曾子的妻子（将要）到集市上去。

（2）其：代词。她的。

之：代词。她。

其子随之而泣：她的孩子跟着她哭泣。

（3）其母：他（孩子）的母亲。

女：代词。通"汝"，你。^{rǔ}

还：动词。回（家）、回去。^{huán}

其母曰："女还"：他的母亲说："你回去。"

（4）反：动词。通"返"，回来。

彘：名词。猪。^{zhì}

顾反为女杀彘：（我）回来后给你杀猪。

（5）适：副词。刚刚、才。

妻适市来：妻子刚从集市上回来。

（6）特：副词。只是、只不过。

婴儿：名词。初生的小孩，在古代也泛指孩子或年幼的人。

戏：动词。开玩笑

耳：语气助词。罢了。

特与婴儿戏耳：只不过是跟小孩子开玩笑罢了。

（7）非有：动词。没有。

婴儿非有知也：小孩子是不懂事的。

（8）待：动词。依赖、依靠。

者也：语气助词。语气词连用，表示肯定。

待父母而学者也：依靠父母进行学习。

（9）今：名词。现在。

子：代词。你。

欺：动词。欺骗。

今子欺之：现在你欺骗他。

（10）是：代词。这、这样。

子：名词。孩子。

也：语气词。表示判断。

是教子欺也：是在教孩子骗人。

(11) 非：动词。不是。

所：特殊的指示代词，与后面的介词"以"、动词性词组"成教"组成一个名词性词组。"所以成教"的意思是"成功的教育孩子的方法"。

非所以成教也：这不是成功的教育（孩子）的方法。

(12) 遂：连词。于是。

烹：动词。煮。^{pēng}

遂烹彘也：于是就把猪煮了。

语法释析

一、"是"字的用法

1. "是"作指示代词时表近指，表示"这""这个""这样"等等，如：

（1）**是**谓乱军取胜。（《孙子·谋攻》）

译：这个叫作扰乱敌军而获胜。

（2）淫佚之俗日日以长，**是**天下之大贼也。（《论积贮疏》）

译：过分浪费的习俗一天天地增长，这是天下的大害。

（3）吾祖死于**是**，吾父死于**是**。（《捕蛇者说》）

译：我的祖父死在这件事上，我的父亲死在这件事上。

（4）若士必怒，伏尸二人，流血五步，天下缟素，今日**是**也。（《战国策·魏策四》）

译：如果士发怒，死的是两个人，流血不过五步远，但是天下人都为士穿素服吊祭，今天就是这样。

2. "是"作宾语时，可提前到介词的前面。如：

（1）**是**故弟子不必不如师。（《师说》）

译：因此学生不一定不如老师。

（2）<u>是</u>以十九年而刀刃若新发于硎。（《庄子·养生主》）

译：因为这个原因，十九年了我的刀刃还像在磨刀石上刚磨过的一样。

3. "是"作助词，主要是出现在动词谓语的前面，作为宾语前置的标志，如：

（1）将虢<u>是</u>灭，何爱于虞？（《左传·僖公五年》）

译：（晋国）将要灭掉虢国了，对虞国还有什么怜悯呢？

汉代以后，"是"也作谓语，表示判断，其义同现代汉语中的"是"，如：

（2）夜梦见老父曰："余，<u>是</u>所嫁妇人父也。"（《论衡·死伪》）

译：夜里梦见一个老人说："我，是那个出嫁女子的父亲。"

（3）问今<u>是</u>何世，乃不知有汉，无论魏晋。（《桃花源记》）

译：问现在是什么时代，竟然不知有汉代，更不要说魏晋了。

4. "是"作形容词时是"对、正确"的意思，在词义上与"非"相对，现代汉语中仍有大量成语、短语、俗语保留了此种用法。

二、以"之""是"为标记的宾语前置

宾语前置是古代汉语的特殊语法现象，"以助词'之'或'是'作为标记的宾语前置句"也是其中的一种类型。在古代汉语中，有时为了强调某一宾语，就把这一宾语提到动词的前面，这时在动词与宾语之间加助词"之"或"是"，作为宾语提前的标志，帮助宾语提前，如：

（1）（管仲）曰："……我且贤<u>之</u>用，能<u>之</u>使，劳<u>之</u>论。"（《韩非子·外储说左下》）

译：（管仲）说："……我将重用贤能的人，任用有才能的人，论赏有功劳的人。"

（2）姜氏何厌<u>之</u>有？（《左传·隐公元年》）

译：武姜有什么（能使她）满足？

（3）我楚国<u>之</u>为，岂为一人行也？（《左传·襄公二十八年》）

译：我是为了楚国，难道是为了（楚康王）一个人而去的吗？

（4）将虢<u>是</u>灭，何爱于虞？（《左传·僖公五年》）

译：（晋国）将要灭掉虢国了，对虞国还有什么怜悯呢？

例（1）中的三个宾语"贤""能""劳"靠助词"之"的帮助，分别倒装在相应的三个动词"用""使""论"的前面，这种倒装是以"之"为标志的。例（2）中的宾语"厌"通过助词"之"的帮助，放在了动词"有"的前面，"之"是宾语前置的标记。例（3）中的介词"为"的宾语"楚国"是通过助词"之"的帮助，放到介词之前的。例（4）是为了强调宾语"虢"，用助词"是"帮助把它提到动词"灭"的前面，"将虢是灭"就是"将灭虢"的倒装形式。

三、"所"字的用法

在古代汉语中，"所"字除了用作名词，表示"场所、地点"以外，还有很多用法，其中最主要的是用作代词、助词。

1. 作为代词的"所"，可以用在动词或词组前，组成"所字结构"，用来指代人、物或处所，使它们变成名词性词语，可以翻译成"……的（人、事、物）"。如：

（1）燕王，吾所立。（《新五代史·伶官传序》）

译：燕王，是我立（为王）的人。

（2）取舞阳所持地图！（《史记·刺客列传》）

译：拿过来舞阳手上的地图！

（3）故俗之所贵，主之所贱也。（《论贵粟疏》）

译：所以一般人珍惜的东西，是国王您轻视的东西。

2. "所"用在介词词组的前面，可以表示原因、方法、工具等意义，大致可以翻译成现代汉语的"……的原因""……的目的""……的方法"等，如：

（1）亲贤臣，远小人，此先汉所以兴隆也。（《出师表》）

译：亲近贤臣，疏远小人，这就是先汉兴隆的原因。

（2）吾知所以距子矣。（《墨子·公输》）

译：我知道用来抵御你的方法了。

（3）所为见将军者，欲以助赵也。（《战国策·赵策三》）

译：见将军的目的，是打算帮助赵国。

3. "所"作为助词，还用在动词前面，组成"为……所"格式，表示被动，相当于现代汉语的"被……"。如：

数十年，竟<u>为</u>秦<u>所</u>灭。(《史记·屈原贾生列传》)

译：几十年后，竟然被秦国消灭。

4. 此外，"所"用在数量词的后面，表示约数，相当于现代汉语中"……左右"的意思。如：

(1) 父去里<u>所</u>，复还，曰："孺子可教矣!"(《史记·留侯世家》)

　　译：老人走出了一里左右，又回来，说："这个小子是可以教诲的。"

(2) 从弟子女十人<u>所</u>。(《史记·滑稽列传》)

　　译：跟来的女弟子有十人左右。

练习

一、根据课文内容回答下列问题

1. 曾子的孩子为什么哭泣？

2. 曾子的妻子怎样说服她的孩子？

3. 曾子的妻子为什么阻止他杀猪？

4. 曾子认为什么是成功的教育？

5. 曾子是否杀了他家的猪？

二、解释下列句子中加下划线的词的意义

1. 曾子之妻之<u>市</u>，其子随之而<u>泣</u>。

2. <u>女</u>还，<u>顾反</u>为<u>女</u>杀<u>彘</u>。

3. 妻<u>适</u>市<u>来</u>，曾子<u>欲</u>捕<u>彘</u>杀之。

4. <u>特</u>与<u>婴儿</u>戏<u>耳</u>。

5. 婴儿非<u>与</u>戏也，婴儿非有知也，<u>待</u>父母而<u>学</u>者也。

6. 今<u>子</u>欺之，<u>是</u>教子欺也。

7. 非<u>所以成</u>教也。

8. <u>遂烹彘</u>也。

三、解释下列句子中加下划线的词的用法和意义

1. 曾子<u>之</u>妻<u>之</u>市，<u>其</u>子<u>随之</u>而泣。

2. 女还，顾反为女杀彘。

3. 妻适市来，曾子欲捕彘杀之。

4. 特与婴儿戏耳。

5. 婴儿非与戏也，婴儿非有知也，待父母而学者也。

6. 今子欺之，是教子欺也。

7. 非所以成教也。

8. 遂烹彘也。

四、把下列句子翻译成现代汉语

1. 曾子之妻之市，其子随之而泣。

2. 女还，顾反为女杀彘。

3. 妻适市来，曾子欲捕彘杀之。

4. 特与婴儿戏耳。

5. 婴儿非与戏也，婴儿非有知也，待父母而学者也。

6. 今子欺之，是教子欺也。

7. 非所以成教也。

8. 遂烹彘也。

五、关于"是"的练习

（一）解释下列含有"是"的短语或短句，注意"是"的用法。

1. 如是。

2. 是日温度适宜。

3. 先生所言极是。

4. 是非成败转头空。

5. 是可忍，孰不可忍？

（二）根据下列句子的意思，把"是"放在词语中合适的位置上。

1. 自己认为自己是对的　　　　　　　　自＿以＿为＿

2. 嘴上说对，心里觉得不对　　　　　　口＿心＿非＿

3. 一点儿对的、好的地方都没有　　　　一＿无＿处＿

4. 只贪图利益　　　　　　　　　　　　唯＿利＿图＿

5. 像是对的，但（其实）是错的　　　　　似＿而＿非＿

6. 根据事实寻求正确的（方法、解答）　实＿事＿求＿

六、关于"之"的练习

说出"之"在下列句中的用法：

1. 宋何罪之有？（《墨子·公输》）

2. 以子之矛，陷子之盾，何如？（《韩非子·难一》）

3. 吾矛之利，于物无不陷也。（《韩非子·难一》）

4. 伯牙鼓琴，钟子期听之。（《吕氏春秋·本味》）

5. 牡丹，花之富贵者也。（《爱莲说》）

6. 菊之爱，陶后鲜有闻。（《爱莲说》）

7. 虽有贤者，而无以接之，贤奚由尽忠？（《吕氏春秋·本味》）

8. 今欲以先王之政，治当世之民，皆守株之类也。（《韩非子·五蠹》）

9. 予独爱莲之出淤泥而不染。（《爱莲说》）

10. 富而不骄者鲜，吾唯子之见。（《左传·定公十三年》）

七、关于"所"的练习

说出"所"在句中的用法：

1. 马者，王之所爱也。（《史记·滑稽列传》）

2. 见渔人，乃大惊，问所从来。（《桃花源记》）

3. 是故无贵无贱，无长无少，道之所存，师之所存也。（《师说》）

4. 今庆已死十年所。（《史记·扁鹊仓公列传》）

5. 嬴闻如姬父为人所杀。（《史记·魏公子列传》）

八、古语今用

1. "其母曰：'女还，顾反为女杀彘。'"一句中"反"的意思是＿＿＿＿＿，同现代汉语中的＿＿＿＿＿。根据这一义项解释下列句子中含有"反"的词语，注意其中"反"的意思。

（1）做人要讲诚信，不能总是出尔反尔。

出尔反尔：＿＿＿＿＿＿＿＿＿＿＿＿＿＿＿＿＿＿

（2）赛前不被大家看好的球队在这场比赛中反败为胜，成为最大的

"黑马"。

反败为胜：_____

（3）HSK 5 级对于她这个在中国长大的外国人来说易如反掌。

易如反掌：_____

（4）明天的面试让他辗转反侧，他太想得到这份工作了。

辗转反侧：_____

（5）二十世纪七十年代末中央政府的拨乱反正让中国的发展走向了正
确的轨道。

拨乱反正：_____

2. "婴儿非与戏也，婴儿非有知也，待父母而学者也"中"待"的意思
是_____。现代汉语中已不再使用此义项，常用意义为"等待"，根据这一义
项解释下列句子中含有"待"的词语。

（1）为了养家糊口，她只好抛下家中嗷嗷待哺的女儿，到美国的孔子
学院任教。

嗷嗷待哺：_____

（2）老王，我儿子单身一个，你女儿也正好待嫁闺中，不如我们两个
结个亲家如何？

待嫁闺中：_____

（3）据气象局预报，2019 年第六号台风"榴莲"可能成长为有记录
以来最强台风，深圳人民严阵以待，做好了抗灾救灾的准备。

严阵以待：_____

（4）别说毕业，一转眼我都待业两年多了，这"啃老"的滋味不好
受啊。

待业：_____

3. "妻适市来，曾子欲捕彘杀之"中"适"的意思是_____。根据这
一义项解释下列短语中含有"适"的词语。

（1）适才：_____

（2）适闻噩耗：_____

（3）书信适至：_____

（4）适得一副妙方：_____

知识拓展

宾语前置

语序又叫"词序"，指的是词在短语或句子里的先后顺序。语序对于汉语来说，实在是太重要了，它是一种不可或缺的语法手段。如果语序不同，短语或句子的结构、意义也就不同。比如"鸡吃"不等于"吃鸡"，"我想"不等于"想我"，"对老师"不等于"老师对"。

现代汉语的语序不仅和英语、日语等其他语言不尽相同，就是和古代汉语也有许多差异。从我们已经学过的古文知识来看，至少有这样几种不同：

1. 古代汉语中宾语前置的现象比较普遍，宾语前置的种类也较多。比如疑问代词作宾语时，往往要放在动词或介词的前面；在否定句中，代词作宾语，也常常放在动词的前面。在"公道何在""奚由尽忠""菊之爱，陶后鲜有闻"等句子里，都是宾语放在了动词或介词前面。而在现代汉语里，只有为了强调宾语时，才会把宾语放到动词前，比如"烧鸡，吃啊"，"书快看吧"。

2. 介宾词组的位置放在哪里，也是古今汉语有差异的地方。在古代汉语里，介宾词组放在动词前或动词后都很常见；而在现代汉语里，只有在文言色彩较强的句子里，介宾词组才会放在动词之后。比如"死在西安""葬于龟山脚下""急于求成""报以热烈的掌声""置于死地而后生"等。

3. 在现代汉语里，表示动作数量的词语要放在动词后面，比如"去三趟""看两遍""找了五回"等等。而在古代汉语里，表示动作的数量时，很少使用动量词，一般是直接把数词放在动词前，比如"九死一生""百战百胜""六出奇计""三过家门而不入"等等。有时，为了强调行为动作的数量，可以把数词放在全句之尾，并用一个"者"字表示停顿。如："范增数目项王，举所佩玉玦以示之者三。"（《史记·项羽本纪》）

4. 现代汉语中，状语位于谓语前面，而古代汉语中，状语也可以位于谓语后面，如：

子墨子闻之，起于鲁。（《墨子·公输》）

赵襄主学御于王子期。（《韩非子·喻老》）

庄子与惠子游于濠梁之上。(《庄子·秋水》)

上述古今汉语在语序方面的不同，涉及理解和翻译问题。只有掌握了古今汉语语序的对应关系，才能准确地把简练的古代汉语变成通俗易懂的现代汉语。要想做到这一点，只能靠多看、多练了。

下面我们将针对古代汉语中宾语前置的问题进行更为细致、深入的探讨。

汉语的语序，古今变化不大。甲骨文中"我伐马方"（《殷墟文字乙编》），翻译成现代汉语就是"我军讨伐马方"，古今语序完全一致：主语—谓语—宾语。但是，上古汉语中还有一些特殊的语序。这些特殊的语序，在现代汉语中已经没有了，所以我们在阅读古书的时候，要特别注意。古代汉语突出的特殊语序，就是在一定的条件下，要求宾语前置。

在古代汉语中，一般是"主语—谓语—宾语"的结构，有时则是特殊用法："主语—宾语—谓语"，即宾语在谓语的前面。这种情况我们就称其为"宾语前置"，也就是"宾语放置在了谓语的前面"。宾语前置主要有四种情况。

（一）疑问代词作宾语时，要出现在谓语的前面，如：

(1) 吾谁欺？欺天乎？（《论语·子罕》）

    译：我欺骗谁？欺骗天吗？

(2) 王者孰谓？谓文王也。（《公羊传·隐公元年》）

    译：王者说的是谁呢？指周文王。

(3) 天下之父归之，其子焉往？（《孟子·离娄上》）

    译：天下的父亲们都归顺了他，他们的儿子还会往哪里去呢？

（二）否定句中代词作宾语，要置于谓语前，如：

(1) 不患人之不己知，患不知人也。（《论语·学而》）

    译：不担心别人不了解自己，担心自己不了解别人。

(2) 吾有老父，身死，莫之养也。（《韩非子·五蠹》）

    译：我有年老的父亲，我若死了，没有谁养活他。

(3) 七十者衣帛食肉，黎民不饥不寒，然而不王者，未之有也。(《孟子?梁惠王上》)

译：七十岁的老人穿丝棉袄吃肉，老百姓不挨饿受冻，做到这样却不能统治天下，没有这种事。

（三）古代汉语中，有时为了强调宾语，就把宾语提到动词的前面，并在动词和宾语之间加助词"之""是"。如：

（1）岂不穀是为？先君之好是继。（不穀：国王谦称）（《左传·僖公四年》）

译：难道是为了我吗？是为了继承先君的友好。

（2）姜氏何厌之有？（《左传·隐公元年》）

译：姜氏有什么满足吗？

（3）"闻道百，以为莫己若"者，我之谓也。（《庄子·秋水》）

译："听到了一些道理，便以为没有谁比得上自己"这句话，是说我啊。

（四）古代汉语中，还有一些具体的词语要求宾语前置。比如"自"作宾语一般都出现在动词的前面，如：

山木自寇也，膏火自煎也。（《庄子·人世间》）

译：山上的树木侵害着自己，点灯的油脂煎熬着自己。

拓展练习

翻译下列句子，并指出其中前置的宾语：

1. 三岁贯女，莫我肯顾。（《诗经·硕鼠》）

2. 我无尔诈，尔无我虞。（《左传·宣公十五年》）

3. 臣实不才，又谁敢怨？（《左传·成公三年》）

4. 唯弈秋之为听。（弈秋：古代下棋高手）（《孟子·告子上》）

5. 孟尝君曰："客何好？"曰："客无好也。"曰："客何能？"曰："客无能也。"（《战国策·齐策四》）

6. 王曰："缚者，何为者也？"（《晏子春秋》）

7. 何以战？（《左传·庄公十年》）

8. 噫！微斯人，吾谁与归？（《岳阳楼记》）

9. 不学自知，不问自晓，古之行事，未之有也。（《论衡·实知》）

补充阅读

孟母三迁

昔孟子少时，父早丧，母仉氏守节。居住之所近于墓，孟子学为丧葬，躄，踊痛哭之事。母曰："此非所以居子矣。"乃去，遂迁居市旁，孟子又嬉为贾人炫卖之事，母曰："此又非所以居子矣。"舍市，近于屠，学为买卖屠杀之事。母又曰："此亦非所以居子矣。"继而迁于学宫之旁。每月朔望，官员入文庙，行礼跪拜，揖让进退，孟子见了，一一习记。孟母曰："此真可以居子也。"遂居于此。

译文：

孟子小的时候，父亲早早地死去了，母亲守节没有改嫁。一开始，他们住在墓地旁边。孟子就和邻居的小孩一起学着大人跪拜、哭嚎的样子，玩起办丧事的游戏。孟母说："这里不是孩子应该居住的地方。"就带着孟子搬到市集旁边，孟子又学着商人叫卖的样子嬉戏玩耍，孟母说："这里也不是孩子应该居住的地方。"他们离开市集，住到了杀猪宰羊的地方附近，孟子又学起了买卖屠宰猪羊的事。孟母又说："这里也不是孩子应该居住的地方！"后来他们搬到了学校附近。每月夏历初一这个时候，官员到文庙，行礼跪拜，互相礼貌相待，孟子见了之后都学习记住。孟母说："这才是我儿子应该住的地方呀！"于是居住在了这个地方。

《列女传·母仪》

第八课

课文

拔杨容易栽杨难

陈轸贵于魏王⁽¹⁾。惠子曰："必善事左右^[2]。夫杨，横树之即生^[3]，倒树之即生^[4]，折而树之又生^[5]。然使十人树之，而一人拔之^[6]，则毋生杨矣^[7]。夫以十人之众，树易生之物^[8]，而不胜一人者，何也^[9]？树之难而去之易也^[10]。子虽工自树于王，而欲去子者众^[11]，子必危矣^[12]。"

《韩非子·说林上》

题解

这篇寓言故事选自《韩非子·说林上》，《韩非子》是法家代表人物韩非的哲理散文集，共五十五篇。韩非总结了春秋战国时期的历史经验，提出了以法治为主的一套完整的思想体系。他的思想为秦始皇所用，对建立和巩固统一的中央集权的封建国家起了很大的作用。本篇用拔杨容易栽杨难的事例说明了破坏容易建设难的道理。

注释

（1）贵：动词。形容词动用，器重、重视、重用。

于：介词。被动句标志，引出主动者。

陈轸贵于魏王：陈轸被魏王器重。

（2）必：副词。一定要、必须。

善：副词。好好地。

事：动词。对待。

左右：代词。手下的人、身边的人。

必善事左右：（您）一定要好好地对待（魏王）身边的人。

（3）夫：语气词。用于句首、引发议论。

横：副词。横着。

树：动词。种、种植。

之：代词。它，指杨树。

即：副词。就。

生：动词。活、活了。

夫杨，横树之即生：杨树啊，横着种它就活了。

（4）倒：副词。倒着。

倒树之即生：倒着种它也活了。

（5）折：动词。折断。

而：连词。表承接，然后。

折而树之又生：折断了种它还是活了。

（6）然：连词。然而。

使：动词。让。

而：连词。表承接，然后。

然使十人树之，而一人拔之：然而让十个人种树，然后让一个人拔树。

（7）则：连词。表承接，那么、就。

毋：助词。同"无"，不、没有。

矣：语气词。了。

则毋生杨矣：那就没有能活着的杨树了。

（8）以：介词。用、凭借。

众：形容词。多、众多。

易：形容词。容易。

夫以十人之众，树易生之物：用十个人那么多的力量，去种容易存活的东西。

（9）而：连词。表转折，然而、却。

胜：动词。胜过、战胜。

者：代词。……的原因。

何也：是为什么呢？

而不胜一人者，何也：却不能胜过一个人的力量，原因是什么呢？

（10）去：动词。去除、拔掉。

也：语气词。表示判断。

树之难而去之易也：是因为种树难而拔树容易啊。

（11）工：动词。擅长、善于。

自：代词。自己。

树：动词。树立。

于：介词。在。

欲：动词。要、想要。

去：动词。除去、除掉。

子虽工自树于王，而欲去子者众：您虽然善于在魏王面前树立自己的威信，可是想要除掉您的人也很多。

（12）必：副词。一定会、必定。

危：形容词。危险。

子必危矣：您一定会有危险了。

语法释析

一、"则"的用法

"则"作连词时在古代汉语中最为常见，其用法主要包括以下几种：

1. 表示承接关系，可翻译为"于是""于是就""就""便"，或"原来是"。如：

（1）项王曰："壮士！赐之卮酒。"则与斗卮酒。（《史记·项羽本纪》）

译：项王说："真是一个壮士！赏赐他一杯酒。"就有人给了他一杯酒。

（2）徐而察之，则山下皆石穴罅。（《石钟山记》）

译：（我）仔细地观察，就看到山下都是石头的洞穴和裂缝。

（3）临视，则虫集冠上。（《聊斋志异·促织》）

译：走过去一看，原来是虫子叮在了鸡冠上。

2. 表示转折、让步关系。表示转折关系时，"则"用在后一分句，可翻译为"却""可是""却已经……"；表示让步关系时，"则"用在前一分句，可翻译为："虽然""固然""倒是"，如：

（1）滕，小国也，竭力以事大国，则不得免焉。（《孟子·梁惠王下》）

译：滕国是小国，尽心竭力地奉承强大的国家，却还是不能幸免。

（2）其子趋而往视之，苗则槁矣。（《孟子·公孙丑上》）

译：他儿子急忙去察看，禾苗却已经都枯死了。

（3）于其身也，则耻师焉，惑矣！（《师说》）

译：对于他自己呢，却以跟从老师为耻辱，真是糊涂啊！

（4）美则美矣，而未大也。（《庄子·天道》）

译：好固然是好，但是还不够伟大。

（5）其室则迩，其人甚远。（《诗经·郑风》）

译：他的家虽然在我旁边，他的人却远在他方。

3. 表示条件、假设关系，可翻译为"如果""假使""要是……就""那么""就""便"等，如：

（1）橘生淮南则为橘，生于淮北则为枳。（《晏子春秋·内篇杂下》）

译：橘子如果生长在淮南就是橘树，如果生长在淮北就是枳树。

（2）入则无法家拂士，出则无敌国外患者，国恒亡。（《孟子·告子下》）

译：在国内如果没有坚守法度的大臣和辅佐君王的贤士，在国外如果没有实力相当的敌国和外在的祸患，这样的国家常常会灭亡。

（3）向吾不为斯役，则久已病矣。（《捕蛇者说》）

译：假设我没干这个差使，那我早就已经困苦不堪了。

（4）居安思危。思则有备，有备无患。（《左传·襄公十一年》）

译：处于安全环境时要考虑可能发生的危险。如果考虑到了危险
就会有准备，有了准备就不会有祸患。

（5）战**则**请从。（《左传·庄公十年》）

译：如果作战，请让我跟从您。

（6）君子博学而日参省乎己，**则**知明而行无过矣。（《荀子·劝学》）

译：如果君子广泛地学习，而且每天检查反省自己，就能智慧明
达，而且行为也没有过错了。

连词"则"的条件关系用法，在现代汉语书面语中仍然使用，一般保
留在词汇中。如：

"兼听则明，偏听则暗"，意思是如果听取多方面的意见，就能明辨是
非，正确地认识事物；如果片面听取的话，就会糊涂，会犯片面性的
错误。

"穷则思变"，原指事物到了尽头，就要发生变化。后也指人在穷困中
就要想办法改变自己的处境。

"有则改之，无则加勉"，意思是有错误就改进，没有错误就加以警
惕，作为一种勉励。

在现代汉语中，连词"则"还可以与其他语素构成一个词，表示条件
关系，如"否则"，意为"如果不这样，就……"，表示假设的否定，并由
此引出下文的结论，多用于书面语。如：

一切饭菜都要自己做，否则，自己会饿肚子。

幸亏你回来了，否则他要去找你了。

除非有人陪同，否则他不能去游泳。

4. 表示并列关系。"则"的这种用法都是两个或者两个以上的"则"
连用，每个"则"字都用在意思相对、结构相似的一个分句里，表示分句
之间是并列关系，可以翻译为"就"，或者不译，如：

（1）小**则**获邑，大**则**得城。（《六国论》）

译：小的就得到城镇，大的就获得城市。

（2）入**则**孝，出**则**悌。（《论语·学而》）

译：在家要孝顺父母，出外要尊敬兄长。

（3）位卑**则**足羞，官盛**则**近谀。（《师说》）

译：以地位低的人为师就会感到羞耻，以官居高位的人为师就近

乎奉承。

5. 表示选择关系，"则"的这种用法在古代汉语中常和"非""不"前后呼应使用，可以翻译为"不是……就""就是"，如：

（1）非死**则**徙尔。（《捕蛇者说》）

译：不是死了就是搬走了。

（2）非天质之卑，**则**心不若余之专耳。（《送东阳马生序》）

译：不是天资低下，就是用心不如我专一罢了。

二、作为被动标记的"于"

"于"是古代汉语中使用最广泛的一个介词，由"于"组成的介词结构大多用在谓语之后作句子的补语，译成现代汉语通常作句子的状语。"于"字的用法复杂，可以引出处所、时间、对象、范围、原因和表示被动等等，本课主要学习"于"作为被动标记，引出动作主动者的用法。

古代汉语的被动句式，一般不用"被"字表示。在句子中用"于"作为形式标记来表示被动意义是常见的一种方法，如：

（1）怀王以不知忠臣之分，故内惑**于**郑袖，外欺**于**张仪。（《史记·屈原贾生列传》）

译：楚怀王因为不知道忠臣的职分，所以在内被郑袖迷惑，在外被张仪欺骗。

（2）故有备则制人，无备则制**于**人。（《盐铁论·险固》）

译：所以有准备就能控制别人，无准备就被别人控制。

（3）劳心者治人，劳力者治**于**人。（《孟子·滕文公上》）

译：劳心的人治理别人，劳力的人被别人管理。

（4）君幸**于**赵王。（《史记·廉颇蔺相如列传》）

译：您被赵王宠信。

三、"夫"的用法

"夫"在古代汉语中作为句首语气词起提示下文的作用，经常用来引发议论或叙述，称为"发语词"，有时句末会有"也"字与其呼应，如：

（1）**夫**将者，国之辅也。（《孙子兵法·谋攻》）

译：将领，是国家的重要辅佐。

（2）<u>夫</u>秦王有虎狼之心。（《史记·项羽本纪》）

译：秦王有虎狼一样的贪婪狠毒心肠。

（3）<u>夫</u>六国与秦皆诸侯，其势弱于秦。（《六国论》）

译：六国和秦国都是诸侯国，他们的势力比秦国弱。

（4）<u>夫</u>战，勇气也。（《左传·曹刿论战》）

译：作战，靠的是勇气。

（5）<u>夫</u>此六者，皆谦德也。（《周公诫子》）

译：这六点都是谦虚谨慎的美德。

（6）<u>夫</u>君子之行，静以修身，俭以养德。（《诫子书》）

译：君子的行为，应当内心宁静来修养自身，节俭克己来培养品德。

"夫"在古代汉语中也用于句尾或句中停顿的地方，表示感叹、疑问和反诘等语气，如：

（7）孟子曰："术不可不慎。"信<u>夫</u>！（《狱中杂记》）

译：孟子说："一个人选择职业不能不慎重。"的确如此啊！

（8）悲<u>夫</u>！有如此之势，而为秦人积威之所劫。（《六国论》）

译：可悲啊！有这样的形势，却被秦国长期积累的威势所胁迫。

（9）吾歌，可<u>夫</u>？（《史记·孔子世家》）

译：我唱歌，可以吗？

（10）逝者如斯<u>夫</u>，不舍昼夜。（《论语·子罕》）

译：时间像流水一样消逝，不分昼夜。

练习

一、根据课文内容回答下列问题

1. 陈轸在魏王面前的地位怎么样？

2. 惠子建议陈轸应该怎样做？

3. 根据课文，杨树有什么样的特点？

4. 惠子认为陈轸可能面临什么样的危险？

5. 惠子用种杨树的例子来说明什么道理？

二、解释下列句子中加下划线的词的意义

1. 陈轸<u>贵</u>于魏王。

2. <u>必善事左右</u>。

3. 夫杨，<u>横</u>树之即<u>生</u>，<u>倒</u>树之即生，<u>折</u>而<u>树</u>之又生。

4. 然<u>使</u>十人树之，而一人拔之，则毋生杨矣。

5. 夫<u>以</u>十人之<u>众</u>，树<u>易</u>生之物，而不<u>胜</u>一人者，何也？

6. 树之难而<u>去</u>之易也。

7. 子虽<u>工</u>自<u>树</u>于王，而<u>欲</u>去子者众，子必危矣。

三、解释下列句子中加下划线的词的用法和意义

1. 陈轸贵<u>于</u>魏王。

2. 必<u>善</u>事左右。

3. <u>夫</u>杨，横树之<u>即</u>生，倒树之即生，折<u>而</u>树之又生。

4. <u>然</u>使十人树之，<u>而</u>一人拔之，<u>则</u>毋生杨<u>矣</u>。

5. <u>夫</u>以十人之众，树易生之物，<u>而</u>不胜一人者，<u>何也</u>？

6. 树之难<u>而</u>去之易<u>也</u>。

7. 子虽工自树<u>于</u>王，而欲去子<u>者</u>众，子必危<u>矣</u>。

四、把下列句子翻译成现代汉语

1. 陈轸贵于魏王。

2. 必善事左右。

3. 夫杨，横树之即生，倒树之即生，折而树之又生。

4. 然使十人树之，而一人拔之，则毋生杨矣。

5. 夫以十人之众，树易生之物，而不胜一人者，何也？

6. 树之难而去之易也。

7. 子虽工自树于王，而欲去子者众，子必危矣。

五、关于"则"的练习

（一）根据本课语法释析所学内容，解释下列句子中"则"的意思，并注意"则"在现代汉语中保留了哪些用法。

1. 进入施工现场务必佩戴安全帽，否<u>则</u>出了事故的话，轻<u>则</u>受伤，重则死亡。

2. 这种游戏若想获胜，<u>则</u>必须通过八大关十六小关的重重考验。

3. 米饭，是南方人的日常主食，而面食<u>则</u>更流行于北方地区。

4. 对于这次考试他志在必得，所谓"不成功，<u>则</u>成仁"，也是下定了决心的。

5. 这个季节吃草莓正合适，而橘子<u>则</u>已经过季了。

6. 若在国家大事面前如秦桧之流丢了气节、失了本分，<u>则</u>后世也将为人唾骂。

（二）根据下列句子的意思，把"则"放在合适的位置上。

1. 遇到不公平就要说出来。　　　　　不__平__鸣__

2. 想要快速却无法达到目的。　　　　欲__速__不达

3. 既然来了，就在这里安下心来。　　既__来__之，__安__之

4. 平时没有突出的表现，一下子就做出惊人的成绩。

　　　　　　　　　　　　　　　　不__鸣__已，一__鸣__惊人

5. 学习还有余力就去做官。　　　　　学__而__优__仕

6. 没有世俗欲望就能达到正义刚强。　无__欲__刚__

六、关于"于"的练习

解释下列句子的含义，并指出句中表示被动的成分：

1. 夫惟无虑而易敌者，必擒于人。（《孙子兵法·行军》）

2. 妻与子皆养于我者也。（《圬者王承福传》）

3. 与其饥死道路，为群兽食，毋宁毙于虞人，以俎豆于贵家。（《中山狼传》）

4. 李未来当上了这个部长却处处受制于人，无法行使自己的权力，难免心中窝火。

5. 扶贫工作不能拘泥于形式，应该实事求是、脚踏实地地将工作做到实处，实现"精准扶贫"。

七、古语今用

1. "必善事左右"中"事"的意思是_____，是动词，而现代汉语中

的"事"则多为名词，意思是＿＿＿＿＿。根据这一义项解释下列句子中含有"事"的词语。

(1) 国庆长假里他无所事事，每天不过是开了电视关电脑，关了电视开电脑。

无所事事：＿＿＿＿＿＿＿＿＿＿＿＿＿＿＿＿＿＿＿＿＿＿

(2) 做事时找到正确的方法才能事半功倍，避免浪费功夫。

事半功倍：＿＿＿＿＿＿＿＿＿＿＿＿＿＿＿＿＿＿＿＿＿＿

(3) 领导都快指着他的鼻子批评他了，他还是装出一副若无其事的样子。

若无其事：＿＿＿＿＿＿＿＿＿＿＿＿＿＿＿＿＿＿＿＿＿＿

(4) 当代社会，这种不事生产、终日玩乐，靠父母养活的"啃老族"已经屡见不鲜。

不事生产：＿＿＿＿＿＿＿＿＿＿＿＿＿＿＿＿＿＿＿＿＿＿

(5) 在我国古代文学经典中，事母至孝、宣扬孝道的故事随处可见。

事母至孝：＿＿＿＿＿＿＿＿＿＿＿＿＿＿＿＿＿＿＿＿＿＿

2. "必善事左右"中"左右"的意思是＿＿＿＿＿。现代汉语中除了表示方位、大概的数量等意义外，还根据古义引申出了"支配、控制"的含义。根据这一义项解释下列句子中含有"左右"的词语。

(1) 王县长让左右先退出去，才拉着陈先生的手详细询问起了这次四川之行的种种经历。

(2) 体育场主席台左右五星红旗迎风飘扬。

(3) 沉迷于爱情中的他，一切行动都被女友左右。

(4) 据官方数据，本次救援行动的花费为460万元左右。

(5) 幸福不是你能左右多少，而是有多少在你左右。

3. "子虽工自树于王"中"工"的意思是＿＿＿＿＿，现代汉语中"工"主要为"工作、工人、做工"的意思。根据这一义项解释下列句子中含有"工"的词语。

(1) 想当初我家装修的时候，因为预算紧张，请了四个小工，断断续续花了一年多时间才完成。

小工：＿＿＿＿＿＿＿＿＿＿＿＿＿＿＿＿＿＿＿＿＿＿＿＿

(2) 玉雕这种传统工艺发展到现在，真可以用巧夺天工来形容了。

巧夺天工：_____

（3）他自幼就阴险狡诈、<u>工于心计</u>，长大了更是没少做坏事。

工于心计：_____

（4）很多饭馆都在开业初期精心经营，等有了客户群之后却开始<u>偷工减料</u>、自砸招牌。

偷工减料：_____

（5）平安金融中心防台风、抗雷击的设计与法国巴黎的埃菲尔铁塔有着<u>异曲同工</u>之妙。

异曲同工：_____

知识拓展

古代汉语中的判断句

判断句是对人或事物表示断定，断定人或事物是什么、属于什么的句式。现代汉语的判断句，除了少数表示日子、天气、籍贯之类的可以不用判断词之外，一般要用判断词"是"表示肯定判断，在"是"前面加否定副词"不"表示否定判断。而古代汉语的判断句与现代汉语的不同，主要有以下几种常用形式：

1. 用"者"或"也"表示判断，这是典型的文言判断形式，其结构包括"……者""……也""……者，……也""……者也"等，如：

（1）四人<u>者</u>，庐陵萧君圭君玉，长乐王回深父，余弟安国平父、安上纯父。（《游褒禅山记》）

译：（同游的）四个人是：庐陵人萧君圭，字君玉；长乐人王回，字深父；我弟弟王安国，字平甫；王安上，字纯甫。

（2）项脊轩，旧南阁子<u>也</u>。（《项脊轩志》）

译：项脊轩，是原来的南阁子。

（3）天河之东有织女，天帝之子<u>也</u>。（《月令广义·七月令》）

译：天河的东面有织女，是天帝的女儿。

（4）陈胜<u>者</u>，阳城人<u>也</u>。（《史记·陈涉世家》）

译：陈胜，是阳城人。

（5）师<u>者</u>，所以传道受业解惑<u>也</u>。（《师说》）

　　译：老师，是用来传授道理、教授学业、解释疑难的人。

（6）莲，花之君子<u>者也</u>。（《爱莲说》）

　　译：莲花，是花中的君子。

2. 用副词"乃""则""即""皆""耳"等表示判断，如：

（1）当立者<u>乃</u>公子扶苏。（《史记·陈涉世家》）

　　译：应当推立即位的是公子扶苏。

（2）此<u>则</u>岳阳楼之大观也。（《岳阳楼记》）

　　译：这就是岳阳楼的壮观景象啊。

（3）<u>即</u>今之傫然在墓者也。（《五人墓碑记》）

　　译：就是现在聚集埋在坟墓中的五个人啊。

（4）夫六国与秦<u>皆</u>诸侯。（《六国论》）

　　译：六国和秦国都是诸侯。

3. 用"为""是"表示判断也是常见的判断方式，其中"是"表判断，需要注意与"是"作为代词的用法相区别，如：

（1）知之<u>为</u>知之，不知<u>为</u>不知，<u>是</u>知也。（《论语·为政》）

　　译：知道就是知道，不知道就是不知道，这才是智慧。

（2）如今人方<u>为</u>刀俎，我<u>为</u>鱼肉，何辞为？（《史记·项羽本纪》）

　　译：现在人家正好是砧板，我们是鱼肉，怎么能辞别呢？

（3）四体不勤，五谷不分，孰<u>为</u>夫子？（《论语·微子》）

　　译：不劳动、不能分辨五谷，谁是（你的）老师？

（4）问今<u>是</u>何世，乃不知有汉，无论魏晋。（《桃花源记》）

　　译：问现在是什么时代，竟然不知道有汉朝，更不用说魏朝晋朝了。

（5）同行十二年，不知木兰<u>是</u>女郎。（《木兰辞》）

　　译：共同生活了十二年，不知道木兰是女孩子。

4. 古代汉语中用否定副词"非"等表示否定的判断，区别于现代汉语中的"不"，如：

（1）六国破灭，<u>非</u>兵不利，战不善，弊在赂秦。（《六国论》）

　　译：六国覆灭，不是兵器不锋利，战斗不得法，其弊端在于（用土地）贿赂秦国。

（2）城<u>非</u>不高也，池<u>非</u>不深也，兵革<u>非</u>不坚利也。（《孟子·公孙丑下》）

译：城墙不是不高，护城河不是不深，兵器盔甲不是不锐利坚固。

5. 在古代汉语中也常常出现直接表示判断，既不用判断词，也不用语气词，而是直接通过语意表示判断，如：

（1）刘备天下枭雄。（《资治通鉴·赤壁之战》）

译：刘备是天下的枭雄。

（2）刘豫州王室之胄。（《资治通鉴·赤壁之战》）

译：刘豫州是王室的后代。

拓展练习

翻译下列句子，并指出其中表示判断的词语：

1. 今欲以先王之政，治当世之民，皆守株之类也。（《韩非子·五蠹》）

2. 陛下不能将兵，而善将将，此乃信之所以为陛下禽也。（《史记·淮阴侯列传》）

3. 然而不胜者，是天时不如地利也。（《孟子·公孙丑下》）

4. 荆轲者，卫人也。（《史记·刺客列传》）

5. 屈原者，名平，楚之同姓也。（《史记·屈原贾生列传》）

6. 先生所言者，国之大事也。（《史记·刺客列传》）

7. 粟者，民之所种。（《论贵粟疏》）

8. 刘谐者，聪明士。（《焚书·赞刘谐》）

9. 夫用兵之法，全国为上。（《孙子兵法·谋攻》）

10. 此为何若人？（《墨子·公输》）

补充阅读

滥竽充数

齐宣王使人吹竽，必三百人。南郭处士请为王吹竽，宣王说之，廪食以数百人。宣王死，湣王立，好一一听之，处士逃。

译文：

　　齐宣王让人吹竽，一定要三百人一起吹。南郭处士请求给齐宣王吹竽，齐宣王很高兴，给他的待遇和其他几百人一样。齐宣王死后，他的儿子齐湣王继承了王位。齐湣王喜欢听人一个一个地独奏，南郭处士就逃跑了。

《韩非子·内储说上》

第九课

课文

画蛇添足

楚有祠者⁽¹⁾，赐其舍人卮酒⁽²⁾。舍人相谓曰⁽³⁾："数人饮之不足⁽⁴⁾，一人饮之有余，请画地为蛇⁽⁵⁾，先成者饮酒。"一人蛇先成，引酒且饮之⁽⁶⁾，乃左手持卮⁽⁷⁾，右手画蛇，曰："吾能为之足⁽⁸⁾。"未成⁽⁹⁾，一人之蛇成⁽¹⁰⁾，夺其卮，曰："蛇固无足⁽¹¹⁾，子安能为之足⁽¹²⁾?"遂饮其酒⁽¹³⁾。为蛇足者，终亡其酒⁽¹⁴⁾。

《战国策·齐策二》

题解

战国时代是中国历史上继春秋时期之后的大变革时期，也是中国的农业、纺织业、思想、科技、军事和政治发展的黄金时期。与此同时，图强求存的各个诸侯国展开了许多举世闻名的变法和改革，其中几个强大的诸侯国都希望自己能统一中国，因此各国之间的斗争复杂而尖锐。在这种情况下出现了一批游说之士，他们专门为其主人提供政治主张和策略，在各国之间进行外交活动。《战国策》就是这个时期游说之士的言行录，是一部国别体史学著作。本书作者已无考，流传到现在的本子是经西汉刘向整理过的。全书共分十二策三十三卷。《画蛇添足》这则寓言说明，做任何事情都要根据实际需要，适可而止，不要做得不够，也不要做得过分，否则就会弄巧成拙，产生不好的结果。

注释

（1）楚：名词。楚国，春秋战国时期国名，在现在的湖南、湖北、安徽一带。

　　祠：动词。祭祀。

　　楚有祠者：楚国有个祭祀的人。

（2）赐^{cì}：动词。给（上级给下级、长辈给晚辈）。

　　其：代词。他的。

　　舍^{shè}人：名词。贵族家里的门客，也叫"食客"，指有才能，但是比较贫穷、没有地位的人，他们住在贵族家里为贵族出主意。

　　卮^{zhī}：名词。古代盛酒的一种器皿，类似酒杯。

　　赐其舍人卮酒：赏赐给他的门客们一杯酒。

（3）相：副词。互相。

　　谓：动词。告诉、商量。

　　曰^{yuē}：动词。说。

　　舍人相谓曰：门客们互相商量说。

（4）数：数量词。几个、若干。

　　之：代词。它，指那杯酒。

　　足：形容词。够、足够。

　　数人饮之不足：几个人喝这杯酒不太够。

（5）请：动词。请求允许，这里是"建议"的意思。

　　画地：在地上画。

　　为蛇：画蛇。

　　请画地为蛇：建议（我们）在地上画一条蛇。

（6）引：动词。拿过来。

　　且：副词。就要。

　　引酒且饮之：把酒拿过来就要喝。

（7）乃：副词。于是、就。

　　持：动词。拿着。

　　乃左手持卮：于是（他）左手拿着酒杯。

（8）吾：代词。我。 ^(wú)

　　为：介词。给、替。 ^(wèi)

　　足：动词。名词用作动词，画上脚。

　　吾能为之足：我还能给它画上脚。

（9）未：副词。没有。

　　成：动词。完成，画好。

　　未成：还没有画好。

（10）之：助词。的。

　　　一人之蛇成：（另外）一个人的蛇已经画好了。

（11）固：副词。本来。

　　　无：动词。没有。

　　　蛇固无足：蛇本来就没有脚。

（12）子：代词。对对方的尊称，您。

　　　安能：副词。表疑问，怎么能。

　　　子安能为之足：您怎么能给它画上脚呢？

（13）遂：连词。于是。 ^(suì)

　　　其：代词。那个，指那杯酒。

　　　遂饮其酒：于是就喝了那杯酒。

（14）终：副词。最终、最后。

　　　亡：动词。失去、失掉。

　　　终亡其酒：最终失去了那杯酒。

语法释析

一、“为”的用法

古代汉语中，“为”的用法很多。主要是在句子中作介词、语气助词、动词。

（一）作介词的"为"，有以下几种用法：

1. 用来介绍对象"为"，译为"给""替"；或行为所旁及的对象，可译为"对""向"。如：
wèi

（1）秦王<u>为</u>赵王击缶。（《史记·廉颇蔺相如列传》）

  译：秦王给赵王击缶演奏。

（2）媪之送燕后也，持其踵而<u>为</u>之泣。（《战国策·赵策四》）

  译：您老人家送走燕后的时候，抱着她的脚对着她哭泣。

（3）不足<u>为</u>外人道也。（《桃花源记》）

  译：不值得对外边的人说。

2. 用来介绍原因或目的的"为"，可译为"因为""为了"。如：
wèi

（1）天行有常，不<u>为</u>尧存，不<u>为</u>桀亡。（《荀子·天问》）

  译：天道运行有它的常理规律，不会为了尧（的圣明）而存在，也不会为了桀（的残暴）而灭亡。

（2）天下熙熙，皆<u>为</u>利来，天下攘攘，皆<u>为</u>利往。（《史记·货殖列传》）

  译：天下那么多人，都为了利益蜂拥而至；天下那么多人，都为了利益各奔西东。

3. 介绍施事者，也就是引进行为的主动者，当不必出现行为的主动者时，只需加上"为"，可译为"被"。如：
wéi

（1）吾属今<u>为</u>之虏矣！（《史记·项羽本纪》）

  译：我们这些人今天要被他们俘虏了！

（2）主辱军破，<u>为</u>天下笑。（《战国策·秦策三》）

  译：主公受辱，军队被击破，被天下的人耻笑。

（3）多多益善，何<u>为</u>为我禽（擒）？（《史记·淮阴侯列传》）

  译：（你）带兵越多越好，为什么被我捉住了？

（4）吴广素爱人，士卒多<u>为</u>用者。（《史记·陈涉世家》）

  译：吴广一向爱护别人，士兵们很多人愿意被他使用。

此外，"为"字还常常与"所"字配合使用，形成"为……所……"结构，"所"后面是主动者的行动，如：

（5）如姬父**为**人**所**杀。（《史记·魏公子列传》）

译：如姬的父亲被人杀死。

（6）岱不从，遂与战，果**为所**杀。（《三国志·魏书》）

译：刘岱不听从，就与黄巾军交战，果然被杀死。

（7）不者，若属皆且**为所**虏。（《史记·项羽本纪》）

译：如果不这样的话，你们这班人都将被（沛公）俘虏。

（二）"**为**"（wéi）作为语气助词，常与"何"相互呼应，用在句尾，表示疑问、反诘或感叹，相当于现代汉语中的"呢""啊"，如：

（1）夫子何命焉**为**？（《墨子·公输》）

译：先生您有什么指教呢？

（2）即**为**真王耳，何以假**为**？（《史记·淮阴侯列传》）

译：就做个真正的王罢了，为什么要做个假的呢？

（三）"**为**"（wéi）作为动词，基本意义是"做"，可译为"制作""处置"；也可以帮助表示判断，可译为"是""算"，如：

（1）散木也，以**为**舟则沉，以**为**棺椁则速腐。（《庄子·人世间》）

译：无用的木头，用它做成船会沉没，用它做成棺木会很快腐烂。

（2）温故而知新，可以**为**师矣。（《论语·为政》）

译：复习旧的知识从而得到新的理解体会，凭这一点就可以当老师了。

（3）子墨子解带**为**城，以牒**为**械。（《墨子·公输》）

译：墨子解下腰带，围作一座城的样子，用小木片作为守备的器械。

（4）楚人**为**食，吴人及之，奔，食而从之。（《左传·定公四年》）

译：楚军做好了饭，吴军赶上了他们，楚军逃跑，吴军吃了饭又追他们。

（5）公输盘**为**楚**为**云梯之械，成，将以攻宋。（《墨子·公输》）

译：公输盘给楚国制造云梯，造好了，将用它攻打宋国。

二、"安能"的用法：

"安能"在古代汉语中作为一个疑问副词使用，表示反诘语气的疑问，有时也会带有无奈或无力改变的意味，相当于现代汉语中的"怎么能""岂能"。如：

（1）安能久事笔砚间乎？（《后汉书·班超传》）

译：怎么能长期在笔砚之间忙碌呢？

（2）安能摧眉折腰事权贵，使我不得开心颜！（《梦游天姥吟留别》）

译：怎么能低眉顺眼点头哈腰地侍奉那些权势贵族，让我自己不能开心呢？

（3）雄兔脚扑朔，雌兔眼迷离；双兔傍地走，安能辨我是雄雌？（《木兰辞》）

译：雄兔双脚扑腾，雌兔眯着眼睛，两只兔子在地上并排奔跑的时候，怎么能分辨哪只是雌，哪只是雄？

（4）夫人情莫不爱其子，今弗爱其子，安能爱君？（《韩非子·难一》）

译：人之常情没有不爱自己的孩子的，现在都不爱自己的孩子了，怎么可能会爱君主呢？

（5）申侯大惊曰："国小兵微，安能抵敌王师？"（《东周列国志》）

译：申侯大吃一惊说："我们国家小兵力弱，怎么能敌得过天子的军队呢？"

练习

一、根据课文内容回答下列问题

1. 门客们的酒是怎么得来的？
2. 他们用什么方法决定谁喝酒？
3. 先画完蛇的人做了什么事？
4. 第二个画完蛇的人为什么抢走了酒？
5. 先画完蛇的人喝到酒了吗？

二、解释下列句子中加下划线的词的意义

1. 楚有祠者，赐其舍人卮酒。

2. 舍人相谓曰："数人饮之<u>不足</u>，一人饮之有余，请画地为蛇，先成者饮酒。"

3. 一人蛇先成，<u>引酒且饮之</u>，乃左手<u>持</u>卮，右手画蛇，曰："吾能为之足。"

4. <u>未</u>成，一人之蛇成，<u>夺</u>其卮，曰："蛇<u>固</u>无足，子安能为之足？"遂饮其酒。

5. 为蛇足者，终<u>亡</u>其酒。

三、解释下列句子中加下划线的词的用法和意义

1. 楚有祠者，赐<u>其</u>舍人卮酒。

2. 舍人相谓曰："数人饮<u>之</u>不足，一人饮之有余，请画地<u>为</u>蛇，先成<u>者</u>饮酒。"

3. 一人蛇先成，引酒且饮之，<u>乃</u>左手持卮，右手画蛇，曰："吾能<u>为</u>之足。"

4. 未成，一人之蛇成，夺<u>其</u>卮，曰："蛇固无足，子<u>安</u>能为之足？"遂饮<u>其</u>酒。

5. 为蛇足<u>者</u>，终亡其酒。

四、把下列句子翻译成现代汉语

1. 楚有祠者，赐其舍人卮酒。

2. 舍人相谓曰："数人饮之不足，一人饮之有余，请画地为蛇，先成者饮酒。"

3. 一人蛇先成，引酒且饮之，乃左手持卮，右手画蛇，曰："吾能为之足。"

4. 未成，一人之蛇成，夺其卮，曰："蛇固无足，子安能为之足？"遂饮其酒。

5. 为蛇足者，终亡其酒。

五、关于"为"的练习

（一）根据下列句子的意思，将"为"放在合适的位置上，并给"为"注音。

1. 很少被别人知道。　　　　　　　　__鲜__人__知__

2. 为了别人放弃自己的利益。　　　　　　　　__舍__己__人__

3. 左也不是，右也不是，怎么做都很难。　　　__左__右__难__

4. 知道就是知道，不知道就是不知道。

　　　　　　　　　　　　__知__之__知之，不__知__不知__

5. 一天是师父，一辈子都跟父亲一样。

　　　　　　　　　　__一__日__师__，终__身__父__

6. 被情感所困扰。　　　　　　　　　　　　　__情__所__困

7. 做自己想做的任何事。　　　　　　　　　　__所__欲__为

8. 每个人都是为了自己的主人。　　　　　　　__各__其__主

（二）解释下列句子中"为"的意思。

1. 匈奴未灭，何以家为？

2. 何乐而不为？

3. 宁为鸡首，不为牛后。

4. 三十六计，走为上计。

5. 君子有所为，有所不为。

6. 若要人不知，除非己莫为。

7. 士为知己者死，女为悦己者容。

8. 宁为太平犬，莫作乱离人。饥者易为食，渴者易为饮。

六、关于"安能"的练习

用"安能"改写下列句子。

1. 他毕竟是你的父亲，你怎么能用这样的态度对待他呢？

2. 把家里的积蓄投资股市不是小事，你怎么能瞒着妻子这样做呢？

3. 我们不可能赢得了那个队，他们是世界冠军队。

4. 在网络诈骗盛行的今天，人们不能不注意电子支付的安全问题。

5. 香港自古以来都是中国领土的一部分，哪能允许她与祖国分离？

七、古语今用

1. "数人饮之不足"中"数"的意思是_____。根据这一义项解释下列句子中含有"数"的词语。

(1) 我**数次**登门拜访，今天终于能见到先生一面，真是我的荣幸。

数次：_____

(2) 这次父母去泰国旅游，吃到了**数十种**以前未曾见过的热带水果。

数十种：_____

(3) 一个全球知名的教授来学校做讲座，来听的却只有**寥寥数人**。

寥寥数人：_____

(4) 他抢劫银行、枪伤路人，并开车撞毁三座交通灯，**数罪并罚**，被判入狱 15 年。

数罪并罚：_____

2. "蛇固无足，子安能为之足"中"固"的意思是_____。根据这一义项解释下列句子中含有"固"的词语。

(1) 一年一度的山东省潍坊市风筝节，既保留了不少**固有**的传统习俗，又开发了很多新颖的游乐方式，以满足游客的不同需求。

固有：_____

(2) 一座建筑呈现出的外观**固然**重要，然而其内在的基础、结构很少被人注意，却支撑着这座建筑的生命。

固然：_____

(3) 孝敬父母，爱护小辈，为人**固当如此**。

固当如此：_____

3. "为蛇足者，终**亡**其酒"中"亡"的意思是_____。现代汉语中"亡"字经常表示"死亡、逃跑、毁坏、没有了"等意义，解释下列句子中含有"亡"的词语。

(1) "**亡羊补牢**"这个成语是比喻出了问题以后想办法补救，还不算晚，可以防止继续遭受损失。

亡羊补牢：_____

(2) 他在家乡遭遇地震后**家破人亡**，在孤儿院长大。

家破人亡：_____

(3) 在全球经济一体化的大格局下，各国之间**唇亡齿寒**、生死与共。

唇亡齿寒：_____

(4) 他二人的夫妻关系早已**名存实亡**，就等着孩子考上大学后正式办理离婚手续。

名存实亡：_____

（5）这个杀人犯<u>逃亡</u>了十八年后终于在深圳落入了法网。

逃亡：_____

知识拓展

古代汉语中的数量词

古代汉语的数量词比现代汉语少，而动量词更少。古代汉语中表示数量有特殊的方法，修饰名词的数量词大体上有四种。

1. 数词＋名词，如：

（1）<u>三人</u>行，必有我师焉。（《论语·述而》）

译：几个人一起走路，其中一定有我可以学习的人。

（2）遂率子孙荷担者<u>三夫</u>，叩石垦壤，箕畚运于渤海之尾。（《列子·汤问》）

译：于是，愚公率领子孙中能挑担的三个人，凿石头，挖土块，用簸箕运到渤海边上。

（3）<u>三男</u>邺城戍。<u>一男</u>附书至，<u>二男</u>新战死。（《石壕吏》）

译：三个儿子在邺城防守，一个儿子捎回信说，（另外）两个儿子最近战死了。

2. 名词＋数词，如：

（1）<u>牛一</u>，<u>羊一</u>，<u>豕一</u>。（《尚书·召诰》）

译：一头牛、一只羊、一口猪。

（2）秦发兵击之，大破楚师于丹、淅，<u>斩首八万</u>。（《史记·屈原贾生列传》）

译：秦国出兵攻打，在丹水、淅水一带大败楚军，斩了八万颗人头。

3. 名词＋数词＋量词，如：

（1）命子封帅<u>车二百乘</u>以伐京。（《左传·隐公元年》）

译：命令子封率领二百乘战车来讨伐京地。

（2）冉子与之<u>粟五秉</u>。（《论语·雍也》）

译：冉子给他五秉粟。

4. 数词＋量词＋之＋名词，如：

且秦强赵弱，大王遣<u>一介之使</u>至赵，赵立奉璧至。（《史记·廉颇蔺相如列传》）

译：何况秦国强，赵国弱，大王派一个使臣到赵国，赵国马上捧着和氏璧来到秦国。

拓展练习

一、将下列数量结构改成古代汉语中"数词＋名词"的表达方式

1. 三个脑袋，六条胳膊。

改写：__头__臂。

2. 四只手脚不劳动，五种粮食分不清。

改写：__体不勤，__谷不分。

3. 牛、马、猪、羊、鸡、狗六种家畜都不安宁。

改写：__畜不宁。

4. 九头牛、两只老虎的力量。

改写：_____之力。

5. 一句话就把真相说穿了。

改写：___道破。

二、解释下列句子中加下划线的词的意义

1. 我向来最怕为人写序了，总是<u>千方百计</u>地推辞。

2. 学好一种语言绝不是<u>一朝一夕</u>的事情。

3. 好在他家财万贯，只丢几百块钱，不过损失了<u>九牛一毛</u>。

4. 他只用了<u>三言两语</u>就把我们说服了。

5. 春天一到，清风徐来，<u>百花齐放</u>。

三、翻译下面的句子，注意数量词的用法

1. 狡兔有三窟，仅得免其死耳。（《战国策·齐策四》）

2. 李氏子蟠，年十七，好古文。（《师说》）

3. 复投一弟子河中，凡投三弟子。（《史记·滑稽列传》）

4. 汉王赐良金百镒，珠二斗。（《史记·留侯世家》）

5. 我持白璧一双，欲献项王；玉斗一双，欲献亚父。（《史记·项羽本纪》）

117

6. （高祖）乃前，拔剑斩蛇，蛇遂分为两，径开。（《史记·高祖本纪》）

补充阅读

曾参杀人

昔者曾子处费，费人有与曾子同名族者而杀人。人告曾子母曰："曾参杀人！"曾子之母曰："吾子不杀人。"织自若。有顷焉，人又曰："曾参杀人！"其母尚织自若也。顷之，一人又告之曰："曾参杀人！"其母惧，投杼逾墙而走。夫以曾参之贤，与母之信也，而三人疑之，则慈母不能信也。

译文：

从前曾参住在费地，费地有个跟曾参同名同姓的人杀了人。有人告诉曾参的母亲说："曾参杀人了！"曾子的母亲说："我的儿子不会杀人。"继续镇定自若地织布。过了一会儿，又有一个人告诉曾子的母亲说："曾参杀人了！"曾子的母亲还是不慌不忙地织着自己的布。又过了一会儿，又有一个人对曾母说："曾参杀人了！"曾母心里害怕起来，扔掉手中的梭子，跳墙逃走了。虽然曾参贤德，他母亲对他信任，但有三个人怀疑他（杀了人），所以慈爱的母亲也不再相信他了。

《战国策·秦策二》

第十课

课文

教学相长

虽有嘉肴⁽¹⁾，弗食不知其旨也⁽²⁾；虽有至道⁽³⁾，弗学不知其善也⁽⁴⁾。故学然后知不足⁽⁵⁾，教然后知困⁽⁶⁾。知不足，然后能自反也⁽⁷⁾；知困，然后能自强也⁽⁸⁾。故曰：教学相长也⁽⁹⁾。

《礼记·学记》

题解

这则故事选自《礼记》。《礼记》又名《小戴礼记》《小戴记》，成书于汉代，为西汉礼学家戴圣所编。《礼记》是中国古代一部重要的典章制度选集，共有二十卷四十九篇，书中内容主要写先秦的礼制，体现了先秦儒家的哲学思想、教育思想、政治思想、美学思想，是研究先秦社会的重要资料，是一部儒家思想的资料汇编。

教学相长即教和学都互相提高，指教师和学生之间互相交流，共同进步。

注释

（1）虽：连词。即使。

嘉：形容词。好的，美好的。

yáo
肴：名词。本义是做熟的肉，在此泛指食物。

虽有嘉肴：即使有美味的食物。

fú
（2）弗：副词。不。

食：动词。吃。

知：动词。知道。

其：代词。它的，指"食物的"。

zhǐ
旨：形容词。味美。

弗食不知其旨也：不吃也就不知道它味美。

（3）至：形容词。最高的。

道：名词。道理，学说。

虽有至道：即使有至高的学问。

（4）善：形容词。好，完美。

弗学不知其善也：不学（就）不知道它完美。

（5）故：连词。因此，所以。

学：动词。学习。

然：代词。这样，在本句中指"学习"这件事。

后：副词。以后。

足：形容词。足够。

故学然后知不足：因此学习之后（才）知道（自己哪里）不足。

jiāo
（6）教：动词。教学。

huò
困：名词。迷惑不通（的地方）。

教然后知困：教学以后，才知道（自己哪里）有困惑。

（7）反：动词。反省。

自反：反省自己。

知不足，然后能自反也：知道（自己哪里）有不足，这样以后才能反省自己。

（8）强：动词。勉励。

自强：勉励自己。

知困，然后能自强也：知道（自己哪里）有困惑，这样以后才能
勉励自己。

（9）相：副词。互相。

zhǎng
长：动词。提高。

教学相长也：教与学互相促进提高。

语法释析

一、"然后"的用法

古代汉语的"然后"格式中的"然"为指示代词，意为"这样、那样"；"后"为时间副词，意为"以后"；"然后"格式意为"这样（那样）以后"。如：

（1）学然后知不足，教然后知困。（《礼记·学记》）

译：学习以后才知道（自己哪里的知识）不充足，教学以后才知道（自己哪里的知识）有困惑。

（2）百吏畏法循绳，然后国常不乱。（《荀子·王霸》）

译：百官害怕法制，遵守法令，这样以后国家才能长期不发生变乱。

由于"然"是代词，必然要放在前文所述的情况之后，因而"然后"一般不在句首出现，这种用法一直保留到现代汉语中。但现代汉语中的"然后"是一个连词，表示接着前一行为状态后发生或出现，可连接词组、分句、句子。上文多有"先、开始、起初"等词，下文有时有"再""又"等词。如：

（3）开始我俩谁也没说话，她先递给我一个苹果，然后自己也吃了一个。

（4）这次活动先从北京开始，然后上海、天津，以至其他城市。

（5）先去烧水、沏茶，让大家喝一口热茶。然后再多烧水，让孩子洗个热水澡。

二、否定副词"不"和"弗"

"不"和"弗"都表示一般的否定，在句中都可充当状语。但"不"

字否定的面比较广，既可以否定动词，也可以否定形容词，还可以否定数词；而"弗"大多否定及物动词，一般不能否定形容词。另外，"不"后面的动词既可带宾语，也可不带宾语，而"弗"后面的动词很少带宾语。如：

(1) 张良曰："请往谓项伯，言沛公<u>不</u>敢背项王也。"（《史记·项羽本纪》）

    译：张良说："请允许我去对项伯讲，说您不敢背叛项王。"

(2) 数石之重，中人<u>弗</u>胜。（《论贵粟疏》）

    dàn

    译：几石的重量，普通人拿不起来。

(3) <u>不</u>知而言<u>不</u>智。（《韩非子·初见秦》）

    译：不知道而说是不聪明。

(4) 利<u>不</u>百，<u>不</u>变法；功<u>不</u>十，<u>不</u>易器。（《商君书·更法》）

    译：利益不到百倍，不变法；功效不到十倍，不更换制度。

例（1）"不"放在带宾语的动词性词组"敢背项王"的前面表示否定，作状语；例（2）"弗"放在动词"胜"前表示否定，"胜"没带宾语；例（3）"不"既否定动词"知"，又否定形容词"智"；例（4）"不"既放在作谓语的数词"百""十"之前表示否定，又放在带宾语的动词性词组"变法"和"易器"前表示否定。

通过否定副词"弗"和"不"的用法比较发现，在古代汉语中，"不"就是一个使用频率较高、使用范围较广的否定副词，这种优势一直保持到现代汉语中。在现代汉语中，否定副词"弗"已不再使用，而"不"依然活跃在现代汉语的否定副词系统中。提到否定副词系统，现代汉语与古代汉语有所差别。古代汉语否定副词系统比现代汉语的否定副词系统大，包含"不""非""匪""弗""未""毋""勿""否"等副词，而现代汉语只包含"不""没（有）""别"等副词。还有，除了"未"字表示事情还没有实现，等于现代汉语中的"没有"外，古代汉语的其他否定副词都相当于现代汉语的"不（是）""别""不要"。如：

(5) 宣子<u>未</u>出山而复。（《左传·宣公二年》）

    译：赵盾没有出晋国国界就返回来了。

（6）我心匪石，<u>不</u>可转也。我心匪席，<u>不</u>可卷也。（《诗经·邶风·柏舟》）

　　译：我的心不是石头，不能转动。我的心不是席子，不能收卷。

　　例（5）"未"表示事情还没有实现，应译为"没有"。例（6）"匪"放在名词谓语前，应译为"不是"。在现代汉语中，否定副词很少否定名词谓语，而在古代汉语中，这种用法有所体现。以上是在学习古代汉语否定副词时应注意的几个问题。

三、虚词"也"的用法

　　在古代汉语中，"也"主要作语气词，出现在各种句子里，用来表示不同的语气。

　　（一）用在判断句尾，肯定事物是什么或不是什么，相当于"是""就是"，常有"者"在前呼应。翻译时在主语和谓语之间加上"是"。例如：

（1）陈胜<u>者</u>，阳城人氏<u>也</u>。（《史记·陈涉世家》）

　　译：陈胜是阳城人。

（2）吾妻之美我<u>者</u>，私我<u>也</u>。（《战国策·齐策一》）

　　译：我妻子说我美是因为她爱我。

（3）灭六国<u>者</u>，六国<u>也</u>，非秦<u>也</u>。（《阿房宫赋》）

　　译：消灭六国的人是六国自己，不是秦国。

（4）晏婴，齐之习辞<u>者</u>也。（《晏子春秋》）

　　译：晏婴是齐国中善于辞令的人。

（5）恻隐之心，仁之端<u>也</u>。（《孟子·公孙丑上》）

　　译：同情心是仁的开端。

　　（二）用在陈述、解释句末尾，表示加强否定或肯定的语气。可译为"啊""了"等。例如：

（1）不违农时，谷不可胜食<u>也</u>。（《孟子·梁惠王上》）

　　译：不要违背农作的规律，那么粮食就吃不完。

（2）今者项庄拔剑舞，其意常在沛公<u>也</u>。（《史记·项羽本纪》）

　　译：现在项庄拔出剑起舞，他的目标总是在刘邦身上的。

（3）是天时不如地利也。(《孟子·公孙丑下》)

译：这就是有利于作战的天气、时令比不上有利于作战的地理
形势。

（三）用在疑问句末，表示疑问、反问、猜测等语气。如用在疑问词
之后，相当于"呢"；如单用就相当于"吗"。例如：

（1）邻国之民不加少，寡人之民不加多，何也？ （《孟子·梁惠
王上》)

译：邻国的百姓（人口）没有减少，我国的百姓（人口）没有
增多，为什么呢？

（2）孟尝君怪之，曰："此谁也？"(《战国策·齐策四》)

译：孟尝君惊奇地问："这位是谁呢？"

（3）二世问左右："此乃鹿也？"(《史记·李斯列传》)

译：秦二世问侍从："这是鹿吗？"

（四）用在感叹句末，表示感叹、惊讶等语气，可译为"啊""呀"
等。例如：

（1）徐公何能及君也！(《战国策·齐策一》)

译：徐公怎能和您相比呀！

（2）直不百步耳，是亦走也！(《孟子·梁惠王上》)

译：（他）只不过没有跑一百步而已，（跑五十步）也是逃跑呀！

（3）鄙贱之人，不知将军宽之至此也！(《史记·廉颇蔺相如列传》)

译：我这个鄙贱的人不知道将军您这么宽厚啊！

（五）用在句中，表示停顿。例如：

（1）是日也，天朗气清，惠风和畅。(《兰亭集序》)

译：这天，天气晴朗，和风拂面。

（2）寡人之于国也，尽心焉耳矣。(《孟子·梁惠王上》)

译：我对于国家，总算尽了心啦。

（3）是说也，人常疑之。(《石钟山记》)

译：这种说法常常有人怀疑。

练习

一、根据课文内容回答下列问题
1. 课文中使用了两个什么样的例子来说明"教"与"学"的关系？
2. 这两个例子说明学习之后才知道什么？教学之后才知道什么？
3. 知道自己不足之后可以怎么做？
4. 这两个例子表明"教"与"学"有什么样的关系？

二、解释下列句子中加下划线的词的意义
1. 虽有嘉肴，弗食不知其<u>旨</u>也。
2. 虽有<u>至</u>道，弗学不知其<u>善</u>也。
3. 故学然后知不足，教然后知<u>困</u>。
4. 知不足，然后能<u>自反</u>也；知困，然后能<u>自强</u>也。
5. <u>故</u>曰：教学相<u>长</u>也。

三、解释下列句子中加下划线的词的用法和意义
1. <u>虽</u>有嘉肴，<u>弗</u>食不知其旨也。
2. 虽有至道，弗学不知其善<u>也</u>。
3. 故学<u>然</u>后知不足，教然后知困。
4. 故曰：教学相长<u>也</u>。

四、把下列句子翻译成现代汉语
1. 虽有嘉肴，弗食不知其旨也。
2. 虽有至道，弗学不知其善也。
3. 故学然后知不足，教然后知困。
4. 知不足，然后能自反也；知困，然后能自强也。
5. 故曰："教学相长也。"

五、参照虚词"也"的下列用法，标出各句中"也"用法的相应号码
①表示判断、肯定　②表示陈述、讲解　③表示疑问
④表示感叹　　　　⑤表示停顿

1. 攻之不克，围之不继，吾其还也。(《左传·僖公三十三年》)

2. 朽木不可雕也，粪土之墙不可污也。(《论语·公冶长》)

3. 非我也，岁也。(《孟子·梁惠王上》)

4. 子张文："十世可知也?"(《论语·为政》)

5. 且夫水之积也不厚，则其负大舟也无力。(《庄子·逍遥游》)

6. 周公何人也? ……古圣人也。(《孟子·公孙丑下》)

7. 人性之善也，犹水之就下也。(《孟子·告子上》)

8. 西蜀之去南海，不知几千里也!(《白鹤堂集·为学》)

9. 三代之得天下也以仁。(《孟子·离娄上》)

10. 子子孙孙无穷匮也。(《列子·汤问》)

11. 古之人与民偕乐，故能乐也。(《孟子·梁惠王上》)

12. 今方来，吾欲辱之，何以也?(《晏子春秋·内篇杂下》)

六、关于否定副词的练习

（一）找出下面成语和句子中的否定副词，并解释成语和句子的意思。

1. 从容不迫

2. 美中不足

3. 未雨绸缪

4. 爱莫能助

5. 自愧弗如

6. 少（略微）安毋躁

　shǎo

7. 前所未有

8. 勿以善小而不为

（二）把否定副词"不、非、弗、未、勿、毋"填写在括号里，每词
只用一次。

1. 年轻人怎么能（　　）劳而获?

2. 现在是休息时间，请（　　）打扰。

3. 世上的情况很复杂，并不是（　　）此即彼。

4. 台风造成交通中断，尚（　　）恢复。

5. 面对大卫的成就，我自叹（　　）如。

6. 毕业生应具备高素质，我们主张"宁缺（　　）滥"。

七、古语今用

1. 写出"知不足，然后能自反也；知困，然后能自强也。"中"自反"和"自强"的意思，并以此类推下列含有"自"的动词的含义。

自反：＿＿＿＿＿＿　　自强：＿＿＿＿＿＿

（1）自夸：＿＿＿＿＿＿　　（2）自救：＿＿＿＿＿＿

（3）自卫：＿＿＿＿＿＿　　（4）自荐：＿＿＿＿＿＿

（5）自立：＿＿＿＿＿＿　　（6）自卑：＿＿＿＿＿＿

2. "虽有至道，弗学不知其善也。"中"至"的意思为＿＿＿＿＿＿。解释下列句子中含有"至"的词语，并解释词语中"至"的意思。

（1）他检查得非常仔细，但<u>自始至终</u>也没发现问题在哪儿。

自始至终：＿＿＿＿＿＿＿＿＿＿＿＿＿＿＿＿＿＿

（2）他待人<u>至诚</u>，得到了大部分人的认可。

至诚：＿＿＿＿＿＿＿＿＿＿＿＿＿＿＿＿＿＿

（3）虽然远在他乡，他的妈妈依然对他<u>关怀备至</u>。

关怀备至：＿＿＿＿＿＿＿＿＿＿＿＿＿＿＿＿＿＿

（4）我春节要回家过年，<u>至于</u>他回不回，那是他的事。

至于：＿＿＿＿＿＿＿＿＿＿＿＿＿＿＿＿＿＿

（5）他看得是那样如痴如醉，<u>以至于</u>我走到他身后他也毫无知觉。

以至于：＿＿＿＿＿＿＿＿＿＿＿＿＿＿＿＿＿＿

3. "虽有至道，弗学不知其善也。"中"虽"的意思是＿＿＿＿＿＿。根据这一义项解释下列含有"虽"的词语。

虽败犹荣：＿＿＿＿＿＿＿＿＿＿＿＿＿＿＿＿＿＿＿＿

虽死犹生：＿＿＿＿＿＿＿＿＿＿＿＿＿＿＿＿＿＿＿＿

虽死无憾：＿＿＿＿＿＿＿＿＿＿＿＿＿＿＿＿＿＿＿＿

麻雀虽小，五脏俱全：＿＿＿＿＿＿＿＿＿＿＿＿＿＿＿＿

4. "故曰：教学相长也。"中"长"的意思为＿＿＿＿＿＿。解释下列句子中含有"长"的词语，并解释词语中"长"的意思。

（1）一个好的园丁不会<u>揠苗助长</u>，而会耐心等待，因此我们必须有耐心。

　　握苗助长：_____

（2）赵本山是在东北土生土长的人。

　　土生土长：_____

（3）作为学生，我们要尊敬师长。

　　师长：_____

知识拓展

古代汉语中的代词

　　代词是指有代替、指示作用的词。古代汉语里的代词可分为人称代词、指示代词、疑问代词、无定代词、辅助性代词。

一、人称代词

　　古代汉语的人称代词可分为第一人称代词、第二人称代词和第三人称代词。

　　1. 第一人称代词。第一人称代词有"吾""我""予（余）""朕"等。例如：

（1）吾闻北方之畏昭奚恤也，果诚何如？（《战国策·楚策一》）

（2）天帝使我长百兽，今子食我，是逆天帝命也。（《战国策·楚策一》）

（3）予尝求古仁人之心，或异二者之为，何哉？（《岳阳楼记》）

（4）亦余心之所善兮，虽九死其犹未悔。（《离骚》）

（5）朕皇考曰伯庸。（《离骚》）

　　代词"吾""予""余"可以作主语、宾语、定语。"吾"在先秦时多作主语和定语，在否定句中可以作宾语，在一般句子中作宾语比较少见。"朕"在秦以前是一般的人称代词，并不是皇帝专有的代词，所以在例（5）中屈原可以自称为"朕"。

　　2. 第二人称代词。第二人称代词有"女（汝）""尔""若""而""乃"等。例如：

（1）五侯九伯，<u>女</u>实征之，以夹辅周室。（《左传·僖公四年》）

（2）庄子曰："请循其本。子曰'<u>汝</u>安知鱼乐'云者……"（《庄子·秋水》）

（3）我无<u>尔</u>诈，<u>尔</u>无我虞。（《左传·宣公十五年》）

（4）<u>若</u>为庸耕，何富贵也。（《史记·陈涉世家》）

（5）惜乎，<u>而</u>夫子其穷哉！（《庄子·天运》）

（6）王师北定中原日，家祭无忘告<u>乃</u>翁。（《示儿》）

其中"女（汝）""尔""若"可以作主语、宾语、定语，"而"多作定语。

3. 第三人称代词。上古汉语没有真正的第三人称代词，而是用指示代词"彼""之""其"来兼表第三人称。例如：

（1）知己知<u>彼</u>，百战百胜。（《孙子兵法·谋攻》）

（2）楚有祠者，赐<u>其</u>舍人卮酒。（《战国策·齐策二》）

（3）故西施病心而颦<u>其</u>里，<u>其</u>里之丑人，见而美<u>之</u>，归亦捧心而颦<u>其</u>里。（《庄子·天运》）

例（2）中，"其"代"楚有祠者"，均指人，充当定语。例（3）中，"之"充当宾语。

"之"和"其"都不是典型的第三人称代词，这主要是因为它们的语法功能并不完备，即除了能分别充当宾语和定语外，在上古汉语中它们都不能充当单句的主语。

4. 古代汉语还有一些表示谦称自己、尊称对方的名词。例如：

（1）桓侯曰："<u>寡人</u>无疾。"（《韩非子·喻老》）

（2）齐侯曰："岂<u>不谷</u>是为？先君之好事继。与<u>不谷</u>同好，如何？"（《左传·僖公四年》）

（3）对曰："<u>臣</u>闻之，鬼神非人实亲，惟德是依。"（《左传·僖公五年》）

（4）蛇固无足，<u>子</u>安能为之足？（《战国策·齐策二》）

（5）孟尝君顾谓冯谖："<u>先生</u>所为文市义者，乃今日见之。"（《战国策·齐策四》）

（6）曰："今天下溺矣，<u>夫子</u>之不援，何也？"（《孟子·尽心上》）

例（1）至例（3）的名词表示谦称，例（4）至例（6）的名词表示敬称。

二、指示代词

古代汉语的知识代词跟现代汉语的近指、远指代词不同，还有其他一些类型。

1. "之""兹""其"，这三个代词表示特指（"其"）和泛指（"之""兹"）的意义。例如：

（1）之二虫又何知？（《庄子·逍遥游》）

（2）文王既没，文不在兹乎？（《论语·子罕》）

（3）未成，一人之蛇成，夺其卮曰："蛇固无足，子安能为之足?"（《战国策·齐策二》）

2. "此""是""斯"，这三个代词表示近指的意义，相当于现代汉语的"这"。例如：

（1）马虽良，此非楚之路也。（《战国策·魏策四》）

（2）天帝使我长百兽，今子食我，是逆天帝命也。（《战国策·楚策一》）

（3）予唯不食嗟来之食，以至于斯也。（《礼记·檀弓下》）

3. "彼""夫"，这两个代词表示远指的意义，相当于现代汉语的"那"。例如：

（1）彼所谓豪杰之士也。（《孟子·滕文公上》）

（2）微夫人之力不及此。（《左传·僖公四年》）

4. "尔""若""然"，这三个是谓语性指示代词，意思是"如此""这样""那样"。例如：

（1）汝我家出，亦敢尔邪？（《后汉书·邓寇列传》）

（2）君子哉若人！尚德哉若人。（《论语·宪问》）

（3）王曰："虽然，必告不谷。"（《左传·成公三年》）

5. "焉""诸"是两个特殊的代词。"焉"的意思相当于"于此"；"诸"的意思相当于"之于"。例如：

（1）必死是间，余收尔骨焉。（《左传·僖公三十二年》）

（2）曾子曰："参也闻诸夫子也。"（《礼记·檀弓上》）

6. "他"，这是个表示旁指的代词，意思是"别的"。例如：

（1）王顾左右而言他。（《孟子·梁惠王下》）

（2）观止矣。若有他乐，吾不敢请已。（《左传·襄公二十九年》）

三、疑问代词

古代汉语的疑问代词可以分为三类：指人，指事物，指处所。

1. 指人的疑问代词有"谁""孰"。例如：

（1）臣实不才，又谁敢怨？（《左传·成公三年》）

（2）吾子与子路孰贤？（《孟子·公孙丑上》）

（3）我孰与城北徐公美？（《战国策·齐策一》）

"孰"也可以指事物。例如：

（4）脍炙与羊枣孰美？（《孟子·尽心下》）

2. 指事物的疑问代词有"何""胡""曷""奚"，意思是"什么""怎么""为什么"等。例如：

（1）尔何知！（《左传·僖公三十二年》）

（2）田园将芜，胡不归？（《归去来兮辞》）

（3）曷足以美七尺之躯哉？（《荀子·劝学》）

（4）君之楚，将奚为北面？（《战国策·魏策四》）

3. 指处所的疑问代词有"安""恶^{wū}""焉"，意思是"哪里"。例如：

（1）蛇固无足，子安能为之足？（《战国策·齐策二》）

（2）居恶也？仁是也；路恶在？义是也。（《孟子·尽心上》）

（3）以君之力，曾不能损魁父之丘，如太行王屋何？且焉置土石？（《列子·汤问》）

四、无定代词

古代汉语有两个无定代词，"或"（意思是"有的""有的人"）、"莫"（意思是"没有谁""没有什么"）。例如：

（1）或谓孔子曰："子奚不为政？"（《论语·为政》）

（2）群臣莫对。（《战国策·楚策一》）

（3）故君子莫大乎与人为善。（《孟子·公孙丑上》）

五、辅助性代词

古代汉语辅助性代词有两个，即"者""所"。

1. 代词"者"用在其他词或词组的后面，组成"者"字结构，表示"……的人"或复指前面的名词性词语等意义。例如：

（1）为蛇足<u>者</u>，终亡其酒。（《战国策·齐策二》）

（2）虎<u>者</u>，戾虫；人<u>者</u>，甘饵也。（《战国策·秦策二》）

例（1）中"为蛇足者"意思是"给蛇画脚的人"。例（2）中"者"复指前面的主语"虎""人"。

2. 代词"所"用在动词性词语的前面，组成"所"字结构，表示动作设计的对象、处所、原因等意义。例如：

（1）劳师以袭远，非<u>所</u>闻也。（《左传·僖公三十二年》）

（2）在肌肤，针石之<u>所</u>及也。（《韩非子·喻老》）

（3）彼知颦美，而不知颦之<u>所以</u>美。（《庄子·天运》）

例（1）中"所闻"意思是"听到的事情"。例（2）中"所及"意思是"达到的地方"。例（3）中"所以美"意思是"成为美的原因"。

拓展练习

请找出下列句子中的代词，并说明其意义。

1. 是鸟也，海运则将徙于南冥。（《庄子·逍遥游》）

_____

2. 邻国之民不加少，寡人之民不加多，何也？（《孟子·滕文公上》）

_____

3. 兵者，诡道也。（《孙子兵法·始计》）

_____

4. 一夫不耕，或受之饥；一女不织，或受之寒。（《汉书·食货志》）

_____

5. 故人不独亲其亲，人不独子其子。（《礼记·礼运》）

_____

补充阅读

炳烛而学

晋平公问于师旷曰："吾年七十，欲学，恐已暮矣。"师旷曰："何不炳烛乎?"

平公曰:"安有为人臣而戏其君乎?"

师旷曰:"盲臣安敢戏其君?臣闻之,少而好学,如日出之阳;壮而好学,如日中之光;老而好学,如炳烛之明。炳烛之明,孰与昧行乎?"

平公曰:"善哉!"

译文:

晋平公问晋国的乐师说:"我已经七十岁了,想要学习,但是恐怕已经晚了!"乐师说:"晚了,为什么不点燃蜡烛学习呢?"平公说:"哪有做臣子的和君主开玩笑的呢?"乐师说:"我是一个双目失明的人,怎敢戏弄君主呢?我听说:年少时喜欢学习,就像初升的太阳一样;中年时喜欢学习,就像是正午的太阳一样;晚年时喜欢学习,就像是点蜡烛一样明亮。点燃蜡烛照明和摸黑走路比,哪个更好呢?"平公说:"你说得好啊!"

《说苑》

第十一课

课文

塞翁失马⁽¹⁾

近塞上之人有善术者⁽²⁾，马无故亡而入胡⁽³⁾。人皆吊之⁽⁴⁾。其父曰："此何遽不为福乎⁽⁵⁾？"居数月⁽⁶⁾，其马将胡骏马而归⁽⁷⁾。人皆贺之⁽⁸⁾。其父曰："此何遽不能为祸乎⁽⁹⁾？"家富良马⁽¹⁰⁾，其子好骑⁽¹¹⁾，堕而折其髀⁽¹²⁾。人皆吊之。其父曰："此何遽不为福乎？"居一年，胡人大入塞⁽¹³⁾，丁壮者引弦而战⁽¹⁴⁾。近塞之人，死者十九⁽¹⁵⁾，此独以跛之故⁽¹⁶⁾，父子相保⁽¹⁷⁾。

《淮南子·人间训》

题解

这则故事选自《淮南子》，《淮南子》（又名《淮南鸿烈》《刘安子》），是西汉贵族淮南王刘安及其门客所撰写的一部哲学著作，其中内篇共二十一卷。这部书的思想内容以道家思想为主，同时夹杂着先秦各家的学说。该书在阐明哲理时，保存了一部分神话材料，如"女娲补天""后羿射日""嫦娥奔月""大禹治水""塞翁失马"等古代神话，反映了远古时代人民的生活和思想情况。

这篇文章通过一个循环往复极富戏剧性的故事，阐述了祸与福的对立统一关系，揭示了"祸兮福所倚，福兮祸所伏"的道理，表现了中国古代辩证的哲学思想。

注释

（1）塞：名词。边塞。

　　塞翁：名词。住在边塞一带的一个老人。

（2）近：动词。靠近。

　　善：动词。善于，擅长。

　　术：动词。算卦，占卜，预知未来，即提前就能知道会有什么事情发生。

　　者：代词。……的人。

　　近塞上之人有善术者：在边塞附近有个善于算卦的人。

（3）故：名词。缘故，原因。

　　亡：动词。逃跑，逃亡。这里指丢失。

　　入：动词。跑入。

　　胡：名词。中国古代西北部民族的统称，秦汉时期多指匈奴。

　　马无故亡而入胡：（他的）马无缘无故地丢失了，跑到胡人那里去了。

（4）人：名词。人们，其他人。

　　皆：副词。都。

　　吊：动词。慰问。

　　之：代词。他，代指"那个善于算卦的人"。

　　人皆吊之：人们都来安慰他。

（5）其：代词。那个。

　　父：代词。指对老年人的尊称或通称，即老者、老翁、老头之意。这里指塞翁。

　　此：代词。代指"这件事"。

　　何：副词。难道。

　　遽：副词。就，竟。

　　何遽……：难道就……

为：动词。转化成。

福：名词。福气，在这里指好事。

其父曰："此何遽不为福乎?"：那个老人说："这件事难道就不会转化为好事吗？"

(6) 居：动词。过，用于时间名词前，表示过了一段时间。

数：数词。几，几个。

居数月：过了几个月。

jiàng

(7) 将：动词。率领，带领。

骏马：名词。好马。

而：连词。连接两个动作，表顺承。

归：动词。回来。

其马将胡骏马而归：他的马带领着胡人的好马（一起）回来了。

(8) 贺：动词。祝贺。

人皆贺之：人们都祝贺他。

(9) 祸：名词。灾祸，不好的事。

此何遽不能为祸乎：这件事难道就不会转化为不好的事吗?

(10) 家：名词。家中。

富：形容词。很多。在这里用作动词，意思是"有很多"。

良：形容词。好的。

家富良马：（他的）家中有很多好马。

(11) 其：代词。他的。

子：名词。儿子。

hào

好：动词。爱好，喜欢。

骑：动词。骑马。

其子好骑：他的儿子喜欢骑马。

duò

(12) 堕：动词。掉下来，坠落。

而：连词。连接两个动作，表顺承。

shé

折：动词。摔断。

其：代词。他的，指"儿子"的。

髀：名词。大腿骨。（bì）

堕而折其髀：（从马上）摔下来摔断了大腿。

（13）大：副词。大大地，指范围广或程度深。

入：动词。进入，进攻。

居一年，胡人大入塞：过了一年，胡人大举入侵边塞。

（14）丁：名词。成年男子。

壮：名词。壮年。

引：动词。拉。

弦：名词。弓弦。引弦，指拉弓，代表打仗。

而：连词。表修饰。

丁壮者引弦而战：成年男子都拿起武器去打仗。

（15）死者：名词。死去的人。

十九：形容词。十分之九。表示很多。

近塞之人，死者十九：边塞地区的人，十有八九都死了。

（16）此：代词。代"那个儿子"。

独：副词。唯独，只有。

以：介词。因为。

跛：动词。跛脚，瘸。（bǒ）（qué）

之：助词。的。

故：名词。缘故，原因。

此独以跛之故：唯独那个儿子因为跛脚的缘故。

（17）相：副词。互相。

保：动词。保全。

父子相保：父亲和儿子互相（得以）保全。

语法释析

一、虚词"何"字的用法

在古代汉语中，"何"字的使用频率很高，用法也很复杂。

（一）用作疑问代词。

1. 单独作谓语，后面常有语气助词"哉""也"，可译为"为什么""什么原因"。

（1）<u>何</u>者？严大国之威以修敬也。（司马迁《史记·廉颇蔺相如列传》）

译：为什么这样呢？为的是尊重（你们）大国的威严以表示敬意啊。

（2）齐人未尝赂秦，终继五国迁灭，<u>何</u>哉？（《六国论》）

译：齐国不曾贿赂秦国，（可是）最终也随着五国灭亡了，为什么呢？

（3）所以然者<u>何</u>？水土异也。（《晏子春秋·内篇杂下》）

译：这样的原因是什么？是水土不同。

（4）吾所以有天下者<u>何</u>？项氏之所以失天下者<u>何</u>？（《史记·高祖本纪》）

译：我之所以能取得天下，是因为什么呢？项羽之所以失去天下，又是因为什么呢？

2. 作动词或介词的宾语，一般前置。可译为"哪里""什么"。译时，"何"要后置。

（1）内省不疚，夫<u>何</u>忧<u>何</u>惧？（《论语·颜渊》）

译：扪心自问，没有什么觉得惭愧的，又有什么忧愁和恐惧的呢？

（2）问："<u>何</u>以战？"（《左传·庄公十年》）

译：曹刿问：凭什么（与齐国）作战？

（3）且问备曰："豫州今欲<u>何</u>至？"（《资治通鉴·赤壁之战》裴注引《江表传》）

译：并且问刘备说："豫州您准备到哪里去？"

（4）<u>何</u>由知吾可也？（《孟子·梁惠王上》）

译：从哪里知道我可以呢？

3. 作定语，用于名词或名词性词组前，可译为"什么""什么样的""哪"。

（1）其间旦暮闻<u>何</u>物，杜鹃啼血猿哀鸣。（《琵琶行》）

译：在这里早晚能听到的是什么呢？尽是杜鹃猿猴那些悲凄的哀鸣。

（2）不知天上宫阙，今夕是<u>何</u>年？（《水调歌头》）

译：不知道在天上的宫殿，今天晚上是何年何月？

（3）以此攻城，<u>何</u>城不克？（《左传·僖公四年》）

译：我让这些军队攻打城池，什么样的城攻不下？

（二）用作疑问副词。

1. 用在句首或谓语动词前，作状语，常表示反问，可译为"为什么""怎么"。

（1）先生坐，<u>何</u>至于此！（《战国策·魏策四》）

译：先生请坐，怎么会到了这种地步呢？

（2）<u>何</u>不按兵束甲，北面而事之？（《资治通鉴·赤壁之战》）

译：为什么不解除军队，向他投降呢？（北面：称臣。古礼，臣拜君，卑幼拜尊长，皆面向北行礼，因而居臣下，晚辈之位曰"北面"）

（3）君甚美，徐公<u>何</u>能及君也？（《战国策·齐策一》）

译：您美极了，徐公哪能比得上您呢？

（4）夫子<u>何</u>哂由也？（《论语·先进》）

译：夫子笑子路什么呢？

（5）巫妪<u>何</u>久也？弟子趣之！（《史记·滑稽列传》）

译：巫婆为什么去了这么久？弟子去催促一下。

2. 用在形容词前，表示程度深，可译为"怎么""多么""怎么这样"。

（1）至于誓天断发，泣下沾襟，<u>何</u>其衰也！（《新五代史·伶官传序》）

译：到了割下头发来对天发誓，抱头痛哭，眼泪沾湿衣襟的可怜地步，怎么这样衰弱颓废呢！

（2）入门两眼<u>何</u>悲凉！稚子低眉老妻哭。（《贫士叹》）

译：一进门看到屋内是多么悲凉啊！年幼的孩子低着头，结发多年的妻子在哭。

二、指示代词"此"

指示代词是起指示和称代作用的词。所谓指示，即指明上下文或语境中存在的人或者事物。所谓称代，即用指示代词来代替上下文或语境存在的人或事物。

本课要学的"此"，还有指示代词"是"都是近指代词。近指代词表示所指的事物或地方离说话人较近，可翻译成"这""这里""这个""这样"等。如：

（1）此夫鲁国之巧伪人孔丘非邪？（《庄子·盗跖》）

译：这是不是鲁国的巧伪之人孔丘呢？

（2）今长大美好，人见而悦之，此吾父母之遗德也。（《庄子·盗跖》）

译：现在（我长得）高大美好，人们看见就喜欢我，这是我父母留给我的美德。

（3）是吾剑之所以坠。（《吕氏春秋·察今》）

译：这里是我的剑落下（水）的地方。

（4）吾祖死于是，吾父死于是。（《捕蛇者说》）

译：我的祖父死在（捕蛇）这件事上，我的父亲（也）死在这件事上。

三、意动用法

意动用法是指某些词用作动词充当谓语时其动作属于主观上的感觉、看待或评价，也可以理解为主语认为宾语怎么样，一般可译为"认为……""以……为……""对……感到……"等。意动用法是古汉语重要语法现象之一，其中包括形容词的意动用法和名词的意动用法。

1. 形容词的意动用法

不管是现代汉语还是古代汉语，形容词后面一般都不带宾语，这是古今汉语的共同点。可是在古代汉语中，在一定条件下，形容词后面可以出现宾语。这个条件就是：形容词和宾语之间具有特定的关系，即说话人主观上认为宾语具有这个形容词所表示的某种性质或状态。在翻译时，可译为"认为（觉得）+宾语+形容词"。如：

（1）渔人甚异之。（《桃花源记》）

译：渔人觉得这件事很奇怪。

（2）吾妻之<u>美</u>我者，私我也。（《战国策·齐策一》）

　　译：我的妻子认为我美，是因为她偏爱我。

（3）孔子登东山而<u>小</u>鲁，登泰山而<u>小</u>天下。（《孟子·尽心上》）

　　译：孔子登上东山就觉得鲁国小，登上泰山就觉得天下小。

（4）（使民）<u>甘</u>其食，<u>美</u>其服，<u>安</u>其居，<u>乐</u>其俗。（《老子·第八十章》）

　　译：（使百姓）认为他们的饮食香甜，认为他们的服饰美丽，认为他们的居处安逸，认为他们的习俗美好。

（5）敏而好学，不<u>耻</u>下问。（《论语，公冶长》）

　　译：聪敏而且喜欢学习，不认为向不如自己的人请教问题是羞耻。

（6）臣细人也，犹将<u>难</u>死，而况公乎？（《晏子春秋·外篇第七》）

　　译：我是个地位低下的人，尚且把死看成难事，何况您呢？

　　例（1）（2）中的形容词"异""美"后面是代词"之""我"，两者之间具有主观上认为"之""异"和认为"我""美"的语义关系，因而这是形容词"异""美"的意动用法。例（3）（4）中的形容词"小""甘""美""安"，"乐"的后面跟的是名词"鲁""天下""食""服""居""俗"，各个形容词与其后的名词之间没有修饰与被修饰的关系，而在语义上，说话人主观上认为宾语具有前面形容词所表示的某种性质或状态，因而两句中的形容词都是意动用法。例（5）（6）中的形容词"耻""难"后面的成分"下问""死"都是动词性的，两者的语义关系是，说话人主观上认为宾语"下问""死"具有"耻""难"所表达的性质，"耻""难"因而是形容词的意动用法。

　　2. 名词意动用法

　　名词的意动用法，是把它后面的宾语所代表的人或事物看作这个名词所代表的人或事物。

（1）邑人奇之，稍稍<u>宾客</u>其父。（《伤仲永》）

　　宾客：本为名词，这里活用为意动词。

　　译：同县的人对此感到十分惊奇，渐渐请他（仲永）父亲到家中做客。

（2）<u>侣</u>鱼虾而<u>友</u>麋鹿。（《前赤壁赋》）

侣、友：名词的意动用法，以…为侣，以…为友。

译：与鱼虾为伴，与麋鹿为友。

（3）故人不独亲其亲，不独子其子。（《礼记·礼运》）

亲：以…为亲。

子：以…为子（两者都指前者）。

译：所以人们不单奉养自己的父母，不单抚育自己的子女。

（4）越国以鄙远。（《左传·僖公三十年》）

鄙：疆界，边界；把…作为疆界。

译：越过其他国家（晋国）把远方的（郑国）设置成边邑。

（5）贫穷则父母不子，富贵则亲戚畏惧。（《战国策·秦策一》）

子：把……当作儿子。

译：一个人穷困时，父母也不把你当儿子对待，有钱的时候亲戚都会畏惧你。

练习

一、根据课文内容回答下列问题

1. 为什么那个善于算卦的人丢了马，他却说："这件事难道就不能转化为好事吗？"

2. 为什么那个人丢失的马带回来一大群胡人的马，他却说这可能会变成坏事？

3. 为什么他的儿子骑马摔断了腿，他又说这可能会变成好事？

4. "塞翁失马"的故事包含了什么样的哲理？

二、解释下列句子中加下划线的词的意义

1. 近塞上之人有<u>善</u>术者，马<u>无故</u>亡而入胡。

2. 人皆<u>吊</u>之。

3. <u>居</u>数月，其马<u>将</u>胡骏马而归。

4. 家富良马，其子好骑，<u>堕</u>而折其髀。

5. 人居一年，胡人大入塞，丁壮者<u>引弦</u>而战。

6. 近塞之人，死者十九，此<u>独</u>以跛之<u>故</u>，父子相保。

三、解释下列句子中加下划线的词的用法和意义

1. 近塞上之人有善术<u>者</u>，马无故亡<u>而</u>入胡。

2. 人皆吊<u>之</u>。

3. 其父曰："此<u>何</u>遽不为福乎？"

4. 居数月，<u>其</u>马将胡骏马<u>而</u>归。

5. 家富良马，其子好骑，堕而折<u>其</u>髀。

6. 近塞之人，死者十九，<u>此</u>独以跛之故，父子相保。

四、把下列句子翻译成现代汉语

1. 近塞上之人有善术者，马无故亡而入胡。

2. 其父曰："此何遽不为福乎？"

3. 人居一年，胡人大入塞，丁壮者引弦而战。

4. 此独以跛之故，父子相保。

五、解释下列语句中的"何"字

1. 隐隐<u>何</u>甸甸，俱会大道口。

   _____

2. 如太行、王屋<u>何</u>？

   _____

3. 豫州今欲<u>何</u>至？

   _____

4. 作计<u>何</u>不量？

   _____

5. 所在皆是也，而此独以钟名，<u>何</u>哉？

   _____

6. 徐公<u>何</u>能及君也？

   _____

7. 信臣精卒陈利兵而谁<u>何</u>？

   _____

六、关于意动用法的练习

（一）根据古今汉语的对译，找出古文句子中形容词的意动用法。

1. 胜而不美，而美之者，是乐杀人。（《老子·第三十一章》）

   译：（战争）胜利了却不夸耀，夸耀战绩的人，这是喜欢杀人。

   _____

2. 斩敌者受赏，而高慈惠之行。（《韩非子·五蠹》）

   译：杀敌立功的人（应）受到赏赐，而（儒家）却把慈善、行小惠看作是高尚的。

   _____

3. 左右以君贱之也，食以草具。（《战国策·齐策四》）

   译：（孟尝君）身边的人认为孟尝君把（冯谖）看得低贱，就给（冯谖）粗劣的饭菜吃。

   _____

4. 孟尝君怪之，曰："此谁也?"（《战国策·齐策四》）

   译：孟尝君（因不认识）冯谖而感到奇怪，说："这是谁?"

   _____

5. 孔王登东山而小鲁，登泰山而小天下。（《孟子·尽心上》）

   译：孔子登上东山后觉得鲁国变小了，登上泰山后觉得天下变小了。

   _____

6. 不如吾闻而药之也。（《左传·襄公三十一年》）

   译：不如我听到他们的议论后，把这个当作治病的良药。

   _____

7. 纵江东父老怜而王我，何面目见之?（《史记·项羽本纪》）

   译：即使江东的父老百姓同情我把我当作王对待，我又有什么脸面去见他们呢?

   _____

8. 师文王，大国五年，小国七年，必为政于天下矣。（《孟子·离娄上》）

   译：把周文王当作老师，大国只要五年，小国只要七年，就一定能在天下推行他的政令了。

   _____

（二）根据画线部分提示，判断下列句子是否意动句，并将各句翻译成现代汉语。

1. 春风又<u>绿</u>江南岸，明月何时照我还。（《泊船瓜洲》）

　　_____

2. 先破秦入咸阳者<u>王</u>之。（《史记·项羽本纪》）

　　_____

3. 然则吾<u>大</u>天地而<u>小</u>毫末，可乎？（《庄子·秋水》）

　　_____

4. 不战而<u>屈</u>人之兵，善之善者。（《孙子兵法·谋攻》）

　　_____

5. 小国<u>师</u>大国。（《孟子·离娄上》）

　　_____

6. 工欲善其事，必先<u>利</u>其器。（《论语·卫灵公》）

　　_____

7. 不如吾闻而<u>药</u>之也。（《左传·襄公三十一年》）

　　_____

8. 孟尝君<u>客</u>我。（《战国策·齐策四》）

　　_____

七、古语今用

1.“其马将胡骏马而归”中“将”的意思是_____。解释下列句子中含有“将”的词语，并解释词语中“将”的意思。

（1）他在这次的销售任务中犯了错误，决定<u>将功补过</u>。

　　将功补过：_____

（2）朋友告诉我，他不值得信任。这次他跟我许诺，我<u>将信将疑</u>。

　　将信将疑：_____

（3）<u>将错就错</u>，不是正确对待错误的办法，这种做法只会把事态扩大。

　　将错就错：_____

（4）他虽是风烛残年、<u>行将就木</u>之人，但内心却仍保有一分赤子之心。

　　行将就木：_____

2. "人居一年，胡人大入塞，丁壮者引弦而战。"中"引"的意思是_____。解释下列句子中含有"引"的词语，并解释词语中"引"的意思。

（1）苏州园林，格局很小，却总是那么引人入胜。

　　引人入胜：＿＿＿＿＿＿＿＿＿＿＿＿＿＿＿＿＿＿＿

（2）由于醉酒驾驶引发的交通事故，我们需要引以为鉴。

　　引发：＿＿＿＿＿＿＿＿＿＿＿＿＿＿＿＿＿＿＿＿＿＿

　　引以为鉴：＿＿＿＿＿＿＿＿＿＿＿＿＿＿＿＿＿＿＿

（3）教育人采用引而不发的方法比直言直语要好得多。

　　引而不发：＿＿＿＿＿＿＿＿＿＿＿＿＿＿＿＿＿＿＿

（4）小李时常引经据典来说明为人处世的大道理，令人不禁佩服他知识的广博。

　　引经据典：＿＿＿＿＿＿＿＿＿＿＿＿＿＿＿＿＿＿＿

3. 其父曰："此何遽不为福乎?"中"此"的意思是_____。根据这一义项解释下列含有"此"的词语。

　　顾此失彼：＿＿＿＿＿＿＿＿＿＿＿＿＿＿＿＿＿＿＿＿

　　乐此不疲：＿＿＿＿＿＿＿＿＿＿＿＿＿＿＿＿＿＿＿＿

　　长此以往：＿＿＿＿＿＿＿＿＿＿＿＿＿＿＿＿＿＿＿＿

　　原来如此：＿＿＿＿＿＿＿＿＿＿＿＿＿＿＿＿＿＿＿＿

　　不虚此行：＿＿＿＿＿＿＿＿＿＿＿＿＿＿＿＿＿＿＿＿

　　岂有此理：＿＿＿＿＿＿＿＿＿＿＿＿＿＿＿＿＿＿＿＿

知识拓展

中国文化中有关动物的词

　　动物本来和人一样，也是自然界的产物。它们虽然习性不同，但是都应该有自己生存的权利。在整个生物圈里，它们是构成生物链不可缺少的生命。

　　然而，人们喜欢用自己的眼光来看待动物，根据对人利害关系的大小、好坏，把动物分成三六九等。中国人对动物的评价，从许多成语中就可以看出。

中国人喜欢马，所以就出现了许多赞扬马的成语，像"马到成功""一马当先""龙马精神""老马识途""汗马功劳"等。仙鹤在中国人眼里是一种很清高、脱俗的动物，因此成语里的"鹤"总是清新脱俗且可爱的，比如"闲云野鹤""鹤立鸡群""鹤发童颜""龟年鹤寿"等。牛在中国人眼里意味着努力、任劳任怨，因此成语里的"牛"也是这样的，比如"九牛二虎之力""牛刀小试""对牛弹琴"等。

狗的忠诚是人所共知的，但是在成语、谚语里出现的狗，似乎都备受歧视，这也跟中国人传统观念中认为狗是用来看家护院的有关，比如"狗胆包天""狗屁不通""狼心狗肺""狗急跳墙""偷鸡摸狗""狗拿耗子——多管闲事"等。另外，老鼠是中国人讨厌的动物，所以，和老鼠有关的词语都带有贬义，比如"鼠目寸光""胆小如鼠""首鼠两端""投鼠忌器"等。

由此看出，在动物身上，寄托了中国人的喜怒哀乐。要想了解中国人的思想感情，我们可以多看看带有动物名称的成语、谚语。

拓展练习

说说下面成语中有关动物的词的意义。

1. 鹏程万里
2. 沉鱼落雁
3. 招蜂引蝶
4. 狼子野心
5. 小肚鸡肠
6. 蛇蝎心肠
7. 虎视眈眈

补充阅读

其政闷闷，其民淳淳

其政闷闷，其民淳淳；其政察察，其民缺缺。祸兮，福之所倚，福兮，祸之所伏。孰知其极？其无正也。正复为奇，善复为妖。人之迷，其日固久。是以圣人方而不割，廉而不刿，直而不肆，光而不耀。

译文：

　　政治宽厚，人民淳朴忠诚；政治严苛，人民狡黠、抱怨。福分是祸患产生的原因，祸患是福分产生的根源；谁能知道终极的标准呢？事实上没有正的标准，正又会转变为邪的，善又会转变为恶的，人们的迷惑，由来已久了。因此，有道的圣人方正而不伤害别人，有棱角而不刺伤人，直率而不放纵，光亮而不炫耀。

《老子·第五十八章》

第十二课

课文

兵者， 诡道也

兵者，诡道也⁽¹⁾。故能而示之不能，用而示之不用，近而示之远，远而示之近⁽²⁾。利而诱之，乱而取之⁽³⁾，实而备之，强而避之⁽⁴⁾，怒而挠之，卑而骄之⁽⁵⁾，佚而劳之，亲而离之⁽⁶⁾，攻其无备，出其不意⁽⁷⁾。此兵家之胜，不可先传也⁽⁸⁾。

《孙子兵法·计篇》

题解

这则故事选自《孙子兵法》。《孙子兵法》的作者是孙武。孙武，字长卿，齐国人。曾以《兵法》十三篇见吴王阖闾 ^{hé lú}，被任为将，率兵攻破楚国。所著《孙子兵法》是我国最早、最杰出的军事著作，也是世界上最早的军事著作，早于克劳塞维茨《战争论》约 2 300 年，被誉为"兵学圣典"。其内容博大精深，逻辑缜密严谨，是古代军事思想精华的集中体现。在本篇文章中，孙子讲了用兵打仗最重要的原则之一，就是要示敌人以假象，迷惑敌人，这样才能获胜。

注释

（1）兵：名词。兵器，也指军事，这里引申为"用兵"。

者：助词。用在判断句或陈述句的主语后，表示停顿。

guǐ
诡：动词。欺诈。

道：名词。法则、规律。

诡道：名词。欺诈的行为。

也：语气词。表示判断，用在句尾。

兵者，诡道也：用兵，是欺诈的行为。

（2）故：连词。因此，所以。

能：动词。具备某种能力。

而：连词。表示转折。

示：动词。向……显示。

之：代词。这里指敌人。

用：动词。使用。

故能而示之不能，用而示之不用，近而示之远，远而示之近：所以，能打，却装作不能打；用兵，却又装作不用兵；要向近处，装作向远处；要向远处，装作要向近处。

（3）利：名词。利益，好处。名词作动词，用利益，用好处。

而：连词。表示顺接。

诱：动词。引诱，诱惑。

乱：形容词用作动词，扰乱，造成混乱。

取：动词。攻取。

利而诱之，乱而取之：给小利来诱惑敌人，造成敌人的混乱来攻取它。

（4）实：动词。充实，有实力。

备：动词。防备。

强：形容词。强大。

避：动词。躲开。

实而备之，强而避之：敌人实力充实就要防备它，敌人强大就要避开它。

（5）怒：动词。愤怒。动词的使动用法，使……怒，激怒。

挠：动词。阻挠。

卑：形容词。自卑。形容词用作动词，用自卑的言辞。

骄：形容词。骄傲。形容词的使动用法，使……骄傲。

怒而挠之，卑而骄之：激怒敌人来阻挠它，用自卑的言辞来使敌人骄傲。

（6）佚：形容词。同"逸"，安闲。^{yì}

劳：形容词。疲劳。形容词的使动用法，使……疲劳。

亲：形容词。亲密。形容词用作动词，此处指敌人亲密团结。

离：动词。分离。动词的使动用法，使……分离。

佚而劳之，亲而离之：敌人安闲就要使它疲惫，敌人之间亲密就要设法离间他们。

（7）攻：动词。攻击。

其：代词。指敌人。

无：副词。没有。

备：动词。准备。

出：动词。发生，出乎。

意：名词。意料。

攻其无备，出其不意：攻打敌人没有准备的地方，行动要出于敌人的意料之外。

（8）此：代词。这。

兵家：名词。军事指挥。

之：助词。的。

胜：名词。奥妙。

先：形容词。事先。

传：动词。传授。

此兵家之胜，不可先传也：这是军事指挥上的奥妙，是不可事先规定的。

语法释析

一、……者，……也

古代汉语中，常用"……者，……也"的格式组成判断句。"者"用在主语之后，表示语气的停顿，并提示下文将有说明；"也"用在谓语之后，帮助判断，并用来结束句子。可译为"……是……"。这种判断句的形式，在用法上有下面几种情况：

1. 一般性的判断，这种判断句的主语和谓语属于同一事物、同一范围或同一属性。例如：

（1）廉颇者，赵之良将也。（《史记·廉颇蔺相如列传》）
  译：廉颇是赵国的优秀将领。

（2）南冥者，天池也。（《庄子·逍遥游》）
  译：南海就是天池。

（3）陈胜者，阳城人也。（《史记·陈涉世家》）
  译：陈胜是阳城人。

2. 解释性的判断，即谓语对主语加以解释。例如：

（1）师者，所以传道受业解惑也。（《师说》）
  译：老师是传授道理、讲授学业、解决疑难的人。

（2）诚者，天之道也；思诚者，人之道也。（《孟子·离娄上》）
  译：诚是天赋予人的本性；追求诚，是做人的根本准则。

（3）庠者，养也；校者，教也；序者，射也。《孟子·滕文公上》）
  译：庠是教养的意思，校是教导的意思，序是陈列的意思。

3. 说明原因的判断，主语部分表示事情的结果，谓语说明产生这种结果的原因。

（1）至以十人之众，树易生之物，而不胜一人者，何也。（《韩非子·说林上》）
  译：至于用十个人的力量，栽种容易活的东西，却抵不上一个人的破坏，为什么呢？

（2）吾妻之美我者，私我也；妾之美我者，畏我也；客之美我者，欲有求于我也。（《战国策·齐策一》）
  译：我的妻子说我美，是偏爱我；我的妾说我美，是因为害怕我；客人说我美，是因为有求于我。

（3）然而不能胜者，是天时不如地利也。（《孟子·公孙丑下》）
  译：这样却不能取胜，这是因为有利于作战的天气、时令不如有利于作战的地势。

二、使动用法

使动用法是古代汉语中一种特殊的语法现象，用于表示主语使得宾语做出某种动作，就是说，动作是宾语发出的，是主语使宾语做的。使动用法一般分为动词的使动用法和形容词的使动用法两种。

（一）动词的使动用法。

动词的使动用法是指动词带上宾语之后，主语所代表的人物并不施行这个动词所表示的动作，而是使宾语所代表的的人或事物施行这个动作，这种用法叫作动词的使动用法，这种动词可叫作使动词。

1. 在古代汉语中，及物动词和不及物动词都可以有使动用法，但不及物动词用作使动更常见。不及物动词本来不带宾语，当它们以使动用法出现在句中的时候，也就能带有宾语了。例如：

（1）项伯杀人，臣活之。（《史记·项羽本纪》）

译：项伯杀了人，我使他活了下来。

（2）求也退，故进之；由也兼人，故退之。（《论语·先进》）

译：我能使死人复活。

（3）故远人不服，则修文德以来之。（《论语·季氏》）

译：远方的人还不归服，便发扬文治教化使他们来归附。

（4）不战而屈人之兵，善之善者也。（《孙子兵法·谋攻》）

译：没有打起来就使敌人投向，才是最高明的。

例（1）中的"臣活之"，"臣"是主语，"活"是谓语，"之"是宾语，"活之"构成了动宾关系。"活"是不及物动词，在本句中带宾语"之"的临时用作及物动词，但它与其宾语的关系不是一般的动词发出动作、宾语接受动作的支配关系，即不是主语发出"活"这一动作，而是主语使宾语产生"活"这一动词所表示的动作行为。因此"活之"就是"使之活"。例（2）（3）中的"进""退""来"都是不及物动词，在本句中带宾语"之"的临时用作及物动词，意为"使之来"。例（4）中的"屈"是不及物动词，"人之兵"这个偏正结构作宾语，"屈人之兵"是"使人之兵屈"。

有时候，不及物动词的后面虽然不带宾语，但是从上下文的意思看，仍是使动用法。例如：

（5）远人不服而不能<u>来</u>也。（《论语·季氏》）

译：远方的人不归服，却不能使他们来归顺。

2. 在古代汉语中，及物动词也可用作使动用法，但比较少见。及物动词本来带有宾语，在形式上和使动用法没有什么区别，区别只在意义上。使动的宾语不是动作的接受者，而是主语所代表的人物使它具有这种动作。例如：

（1）公将尝膳，姬曰："所由远，请使人尝之。"<u>尝</u>人，人死；<u>食</u>狗，狗死。（《吕氏春秋·上德》）

译：晋献公将要吃饭，丽姬说："（饭食是）从远地方来的，请让人尝一下吧。"（结果）让人尝了以后，人死了；让狗吃了以后，狗死了。

（2）晋侯<u>饮</u>赵盾酒。（《左传·宣公二年》）

译：晋侯使赵盾饮酒。

例（1）中"公将尝膳"，姬建议"使人尝之"，结果"尝人"，人死了；"食狗"，狗也死了。很显然，"尝人""食狗"在这种语境中不是"吃人""吃狗"的意思，因为前面说的是"尝膳"，因而"尝"与"人""食"与"狗"之间不是支配关系，而是"使人尝""使狗食"的使动用法。例（2）中的"饮"也是及物动词用作使动用法的例子。

要强调的是，及物动词是可以带宾语的，所以判断是否及物动词的使动用法，主要依据具体的语言环境，需要根据上下文的意思来确定。

以上说的分别是不及物动词和及物动词的使动用法，从句法形式上看，动词的使动用法，是以一个动宾结构的形式表达一个兼语式的内容。如"屈人之兵"是动宾结构，"使人之兵屈"是兼语式；"尝人"是动宾结构，"让人尝"是兼语式等等。因此，古代汉语的使动用法在译成现代汉语的时候，可翻译成兼语式"使/让/叫……做什么"。

（二）形容词的使动用法。

形容词是表示性质、状态的，基本功能是作定语。作谓语时不能带宾语。所谓"形容词的使动用法"是指形容词在某些句子里临时行使了动词的职能，带上了宾语，使宾语所代表的人或事物具有了这个形容词所表示的性质或状态。例如：

（1）君子<u>正</u>其衣冠。（《论语·先进》）

译：德行高尚的人要使他的衣帽整齐端正。

（2）是以君子<u>远</u>庖厨也。（《孟子·梁惠王上》）

译：因此君子要远离厨房。

（3）冉有曰："既庶矣，又何加焉?"曰："<u>富</u>之。"（《论语·子路》）

译：冉有说："人口已经是如此众多了，又该再做什么呢?"孔子说："使他们富裕起来。"

（4）强本而节用，则天下不能<u>贫</u>。（《荀子·天论》）

译：加强农业生产又节约用度，那么老天爷就不能使用他贫困。

辨别形容词是否用于动词，就看它是否带有宾语。如果形容词后面有名词或名词性词组，这个形容词跟它们不构成修饰关系，那就是动宾关系，这个形容词也就活用为动词了。例（1）（2）中形容词"正""远"后有名词性成分"衣冠""庖厨"，二者不是修饰关系，就可能是动宾关系，即形容词活用为动词了。进一步分析，二者具有"使……正""使……远"的语义关系，因而是形容词的使动用法。

如果形容词后边是代词，那就肯定是活用为动词了，因为代词一般是不受别的词类的修饰的，如例（3）中的"富之"。

有时候，用于使动的形容词后面的宾语会被省略，但这并不改变使动的性质。例（4）中形容词"贫"放在助动词"能"后活用为动词，其后没有名词性成分，可是在语义上具有"使……贫"的语义关系，因而是形容词的使动用法。

（三）名词的使动用法。

名词用于使动是使它的宾语所代表的人或事物成为这个名词所表示的人或事物，或者发生同这个名词有关的动作行为。例如：

（1）吾见申叔，夫子所谓<u>生</u>死而<u>肉</u>骨也。（《左传·襄公二十二年》）

译：我今天拜见了申叔夫子，他的一番话真好比是让死人复生、让白骨长肉。

（2）齐桓公合诸侯而<u>国</u>异姓也。（《史记·晋世家》）

译：齐桓公会合诸侯，是为了保存异姓国家。

例（1）中"生死"与"肉骨"为对。"生死"不是并列结构，而是

155

动宾结构，"生"字是不及物动词用作使动，意思是使死者复生；同样，"肉骨"也不是并列结构，而是动宾结构，"肉"字是名词用作使动，意思是使白骨生肉。正因为"生死""肉骨"是两个动宾结构，所以中间能用"而"字连接。例（2）中"国"字是名词用作使动，意思是使异姓立国。

练习

一、根据课文内容回答下列问题

1. 孙子认为，军事作战时，应该对敌人说实话吗？
2. 孙子认为，对实力强大的敌人怎么办？
3. 孙子认为，对内部很团结的敌人怎么办？
4. 孙子认为，打仗之前的保密工作重要吗？
5. 孙子认为，应该打击敌人的哪些地方？

二、解释下列句子中加下划线的词的意义

1. 兵者，诡道也。
2. 故能而示之不能，用而示之不用。
3. 利而诱之，乱而取之。
4. 实而备之，强而避之。
5. 怒而挠之，卑而骄之。
6. 佚而劳之，亲而离之。

三、解释下列句子中加下划线的词的用法和意义

1. 兵者，诡道也。
2. 故能而示之不能，用而示之不用。
3. 利而诱之，乱而取之。
4. 攻其无备，出其不意。

四、把下列句子翻译成现代汉语

1. 兵者，诡道也。
2. 故能而示之不能，用而示之不用。

3. 利而诱之，乱而取之。

4. 实而备之，强而避之。

5. 怒而挠之，卑而骄之。

6. 佚而劳之，亲而离之。

7. 攻其无备，出其不意。

五、把下列包含"……者，……也"的判断句翻译成现代汉语

1. 荆轲者，卫人也。（《史记·刺客列传》）

_____

2. 屈原者，名平，楚之同姓也。（《史记·屈原贾生列传》）

_____

3. 穷发之北有冥海者，天池也。（《庄子·逍遥游》）

_____

4. 先生所言者，国之大事也。（《史记·刺客列传》）

_____

六、关于使动用法的练习

（一）指出下面成语中出现的使动用法，并解释成语的意思。

1. 一鸣惊人

_____

2. 飞沙走石

_____

3. 完璧归赵

_____

4. 大快人心

_____

5. 沉鱼落雁、闭月羞花

_____

6. 汗牛充栋

_____

（二）请将下列句子翻译成现代汉语，并指出句子中的使动用法。

1. 能富贵将军者，上也。(《史记·魏其武安侯列传》)

　　_____

2. 天将降大任于斯人也，必先苦其心志，劳其筋骨，饿其体肤，空乏其身，行拂乱其所为。(《孟子·告子下》)

　　_____

3. 无生民心。(《左传·隐公元年》)

　　_____

4. 焉用亡郑以陪邻。(《左传·僖公三十年》)

　　_____

5. 春风又绿江南岸。(《泊船瓜洲》)

　　_____

6. 于是信、张耳详弃鼓旗，走水上军。水上军开入之。(《史记·淮阴侯列传》)

　　_____

七、古语今用

1. "兵者，诡道也"中"兵"的意思是_____。解释下列句子中含有"兵"的成语，并解释成语中"兵"的意思。

（1）两国的矛盾越来越尖锐，最后只得<u>兵戎相见</u>了。

　　　兵戎相见：_____

（2）这场谈判，双方代表<u>短兵相接</u>，针锋相对，迟迟无法达成协议。

　　　短兵相接：_____

（3）事情在筹备阶段难免<u>纸上谈兵</u>，但接下来得要实干了。

　　　纸上谈兵：_____

（4）听说上级要来检查，大家都人心惶惶，<u>草木皆兵</u>。

　　　草木皆兵：_____

2. 写出"故能而示之不能，用而是之不用"中"示"的意思，并以此类推下列含有"示"的词语的含义。

　　示：_____

（1）示弱：_____

（2）示意：_____

（3）示范：_____

（4）指示：_____

（5）明示：_____

（6）提示：_____

知识拓展

《孙子兵法》

《孙子兵法》又称《吴孙子兵法》《孙子》《孙武兵法》，作者为孙武。孙武，字长卿，春秋末期齐国人，从齐国流亡到吴国，辅助吴王经国治军，被尊为"兵圣"。

《孙子兵法》是现存最早的兵书，历来备受推崇，研习者辈出。该书有十三篇，每篇都以"孙子曰"开头，有中心，有层次，逻辑严谨，语言简练，文风质朴，善用排比铺陈叙说，比喻生动具体。该书自问世以来，对中国古代军事学术的发展产生了巨大而深远的影响，被誉为"兵学圣典"和"古代第一兵书"。

三国时期著名的政治家、军事家曹操第一个为《孙子兵法》作了系统的注解，为后人研究运用《孙子兵法》打开了方便之门。《孙子兵法》于8世纪传入日本，18世纪传入欧洲。如今，《孙子兵法》已经走向世界，它被翻译成多种语言，在世界军事史上也具有重要的地位。

补充阅读

《孙子兵法》 摘选一

百战百胜，非善之善者也；不战而屈人之兵，善之善者也。故上兵伐谋，其次伐交，其次伐兵，其下攻城。攻城之法，为不得已。

译文：

百战百胜固然好，但不是好中之好；不经过战争而使敌人屈服，才称得上好中之好。上等的用兵之道是凭借谋略取得胜利，其次就是用外交战胜敌人，再次是用武力击败敌军，最下之策是攻打敌人的城池。攻城，是不得已而为之，是没有办法的办法。

《孙子兵法·谋攻》

《孙子兵法》 摘选二

百故曰：知己知彼，百战不殆；不知彼而知己，一胜一负；不知彼不知己，每战必败。

译文：

所以说：了解敌方也了解自己，每一次战斗都不会有危险；不了解对方但了解自己，胜负的概率各半；既不了解对方又不了解自己，每一次战斗都必然失败。

《孙子兵法·谋攻》

第十三课

课文

《论语》 五则

子曰[1]："学而时习之，不亦说乎[2]？有朋自远方来，不亦乐乎[3]？人不知而不愠，不亦君子乎[4]？"

《论语·学而》

子曰："温故而知新，可以为师矣[5]。"

《论语·为政》

子曰："由[6]，诲女知之乎[7]？知之为知之，不知为不知，是知也[8]。"

《论语·为政》

子贡问曰[9]："孔文子何以谓之文也[10]？"子曰："敏而好学[11]，不耻下问[12]，是以谓之文也[13]。"

《论语·公冶长》

子曰："三人行，必有我师焉[14]。择其善者而从之，其不善者而改之[15]。"

《论语·述而》

题解

《论语》是孔子及其学生的言行录，由孔门弟子记录、汇编而成，是中国最早的语录体散文。这本书包含了儒家最基本的思想和智慧，内容涉及政治、历史、哲学、教育、社会理想和为人处事等方面。两千多年以来，《论语》被中国各阶层的大多数人奉为信条，对人们的观念和行为产生过极大的影响。

很多人一直以为《论语》是孔子的专著。其实，孔子主张"述而不作"，他经常阐述周代先王的学说，修订前世流传下来的书籍，而自己却从来没有写过书。《论语》里面所写的，都是孔子的弟子们听到老师说的话以后一点一点记录下来的。《论语》中有452处"子曰"，"子曰"的意思就是"孔子说"。

注释

（1）子：名词。古代对男子的尊称，这里指孔子。

子曰：孔子说。

（2）学：动词。学习。

时：副词。按时。

习：动词。复习，温习。

不亦……乎：不也……吗？

说：形容词。同"悦"，高兴，愉快。（yuè）

乎：语气词。可译为"吗"，表示疑问。

学而时习之，不亦说乎：学习之后按时复习，不也很高兴吗？

（3）朋：名词。朋友。

有朋自远方来，不亦乐乎：有朋友从远方来，不也很快乐吗？

（4）愠：动词。生气，怨恨。（yùn）

人不知而不愠，不亦君子乎：别人不了解自己也不生气，不也是道德高尚的人吗？

（5）温：动词。温习。

故：形容词。旧的，这里指学过的知识。

知新：有新体会、新发现。

温故而知新，可以为师矣：温习旧的知识就能有新的体会或发现，（这样的人）可以做老师了。

（6）由：名词。仲由，字子路，孔子的学生。

（7）诲：动词。教导，指教。
^{huì}

女：代词。同"汝"，你。
^{rǔ}

知：动词。知道。
^{zhī}

之：代词。指"教师教的东西"。

诲女知之乎：教给你的东西都明白了吗？

（8）是：代词。这。

知：名词。同"智"，智慧。
^{zhì}

知之为知之，不知为不知，是知也：知道就是知道，不知道就是不知道，这就是智慧。

（9）子贡：名词。孔子的弟子，姓端木，名赐，字子贡。
^{cì}

子贡问曰：子贡问。

（10）孔文子：名词。名圉，卫国大夫，"文"是他死后的谥号。按照古制，人死后，按他生前的行为给他定一个名号，叫谥号。
^{yǔ} ^{dà} ^{shì}

何以："以何"的倒装，可译为"凭什么""依据什么"。

谓：动词。叫作。

之：代词。他，指孔文子。

孔文子何以谓之文也：孔文子凭什么（死后）叫作"文"呢？

（11）敏：形容词。理解问题快，聪敏。
^{mǐn}

而：连词。而且，表并列。

好：动词。喜欢。
^{hào}

学：动词。学习。

敏而好学：聪敏而且喜欢学习。

（12）耻：形容词。羞耻。这里是形容词的意动用法，是认为……是羞耻"的意思。
^{chǐ}

下问：向不如自己的人请教。

不耻下问：不认为向不如自己的人请教是羞耻。

（13）是以："以是"的倒装，可译为"因此"。

是以谓之文也：因此称他为"文"。

（14）三人：名词。表示多个人，并非确指"三"。

行：动词。走路。

焉(yān)：于之，在这里。

三人行，必有我师焉：几个人一起走，其中一定有可以做我老师的人。

（15）择(zé)：动词。选择。

其：代词。他们的，指代前面所说的人的。

善：形容词。好。

者：代词。……的地方。

从：动词。跟随，引申为"学习"。

择其善者而从之，其不善者而改之：选择他们的优点加以学习，（将）他们的缺点作为借鉴，借以改正自己身上与他们相同的缺点。

语法释析

一、"焉"字的用法

在古代汉语中，"焉"的用法主要有以下四种。

（一）作指示代词兼语气助词。

"焉"作指示代词兼语气助词，用来指代处所、事物、人，同时表示陈述语气。例如：

（1）夫大国，难测也，惧有伏焉。（焉：在那里）（《左传·庄公十年》）

译：像齐国这样的大国，他们的情况是难以推测的，怕他们在那里设有伏兵。

（2）人谁无过，过而能改，善莫大焉。（焉：比这个）（《左传·宣公

164

二年》）

译：谁能不犯错误呢？犯了错误而能改正，没有比这个更好的事情了。

（3）三人行，必有我师焉。（焉：在这里）（《论语·述而》）

译：三个人一起走路，在这里面必定有人可以做我的老师。

（4）昔者吾舅死于虎，吾夫又死焉。（焉：在这件事上）（《礼记·檀弓下》）

译：从前我的公公被老虎咬死了，后来我的丈夫又死在这件事上。

（二）作语气助词。

"焉"作语气助词，有引起注意的作用。例如：

（1）虽我之死，有子存焉。（《列子·汤问》）

译：即使我死了，还有我的儿子。

（2）寒暑易节，始一返焉。（《列子·汤问》）

译：冬夏换季，才能往返一次。

（三）作疑问代词，作状语。

"焉"作疑问代词，作状语，可以指代处所，"哪儿"；也可以表反问，"怎样；哪里"。例如：

（1）天下之父归之，其子焉往？（《孟子·离娄上》）

译：天下做父亲的都归依了文王，那他们的儿子还会跑到哪儿去呢？

（2）且焉置土石？（往哪里）（《列子·汤问》）

译：况且把土石放在哪里呢？

（四）作形容词词尾。

"焉"作形容词词尾，例如：

（1）穆穆焉，皇皇焉，济济焉，将将焉信天下之壮观也。（《东京赋》）

译：多么肃穆啊！多么堂皇啊！多么人才济济啊！这才真正是天

下间雄伟的景象。

(2) 少焉，月出于东山之上，徘徊于斗牛之间。(《前赤壁赋》)

译：一会儿，月亮从东边山上升起，徘徊在斗宿、牛宿之间。

二、"何以"的用法

"何以"是由疑问代词"何"和介词"以"构成的格式。"何"作"以"的宾语， "何以"是"以何"的倒装，意为"用什么，凭什么"。如：

(1) 何以报德？以直报怨，以德报德。(《论语·宪问》)

译：用什么来酬答恩惠呢？用公平正直来回答怨恨，用恩惠来酬答恩惠。

(2) 乃入见，问："何以战？"(《左传·庄公十年》)

译：(曹刿) 于是进见 (鲁庄公)，(曹) 问："凭什么作战？"

(3) 王曰："子归，何以报我？"(《左传·成公三年》)

译：楚共王说："你回国以后，用什么来报答我？"

(4) 无衣无褐，何以卒岁？(《诗经·国风·周南》)

译：连粗衣烂衫都没有，靠什么御寒度年关？

在现代汉语中，"何以"仍在继续使用，但成了一个副词，多用在书面语中，有两个意思：

(5) 为什么。如：他何以变得如此不通人情？

(6) 用什么，凭什么。如：何以为证？

练习

一、根据课文内容回答下列问题

1. 文章中提到了哪些学习方法？

2. 应该有什么样的学习态度？

二、解释下列句子中加下划线的词的意义

1. 在饭桌上浪费的现象时有发生。

2. 他从小习武。

3. 结婚当天，高朋满座。

4. 见他面有愠色，谁也不敢问。

5. 他正在房间里温书。

6. 不能总是故技重演。

7. 好老师总是诲人不倦。

8. 社会上对择校问题议论颇多。

三、解释下列句子中加下划线的词的用法和意义

1. 三人行，必有我师焉。

2. 学而时习之，不亦说乎？

3. 温故而知新，可以为师矣。

4. 诲女知之乎？

5. 知之为知之，不知为不知，是知也。

6. 孔文子何以谓之文也。

四、把下列句子翻译成现代汉语

1. 学而时习之。

2. 有朋自远方来。

3. 温故而知新。

4. 知之为知之，不知为不知。

5. 敏而好学，不耻下问。

6. 三人行，必有我师焉。

五、判断下列句子中"何以"的意义

A. 为什么　B. 用什么，凭什么

1. 何以知道他做得不对呢？（　　　）

2. 幽默何以与笑话不同？（　　　）

3. 事情何以发展到这种地步？（　　　）

4. 他何以担当社会重任呢？（　　　）

5. 小伙子不知她何以忽然发怒，被她骂得摸不着头脑。（　　　）

6. 一部分同胞何以会有"狭隘民族主义"的看法？（　　　）

7. 如果组成社会的团体、个人都亏损，社会何以发展？（　　　）

8. 既然已经说好了这样做，何以忽然变卦？（　　　）

六、用下列词句说一段话

1. 有朋自远方来。

2. 温故而知新。

3. 知之为知之，不知为不知。

4. 不耻下问。

5. 三人行，必有我师焉。

七、古语今用

1. "温故而知新，可以为师矣"中"故"的意思是＿＿＿＿＿。根据这一义项解释下列句子中含有"故"的词语。

(1) 他十年前来过这个地方，这次故地重游，他不禁感叹变化太大了。

故地重游：＿＿＿＿＿＿＿＿＿＿＿＿＿＿＿＿＿＿＿＿

(2) 正所谓"衣不如新，人不如故"，多年的老朋友才是最懂你的。

人不如故：＿＿＿＿＿＿＿＿＿＿＿＿＿＿＿＿＿＿＿

(3) 背井离乡多年，他最怀念的就是故乡街边那再寻常不过的小吃。

故乡：＿＿＿＿＿＿＿＿＿＿＿＿＿＿＿＿＿＿＿＿＿

(4) 这座房子是鲁迅的故居。

故居：＿＿＿＿＿＿＿＿＿＿＿＿＿＿＿＿＿＿＿＿＿

2. "择其善者而从之，其不善者而改之"中"善"的意思是＿＿＿＿＿。根据这一义项解释下列句子中含有"善"的词语。

(1) 我们做事情要善始善终，不能虎头蛇尾。

善始善终：＿＿＿＿＿＿＿＿＿＿＿＿＿＿＿＿＿＿＿

(2) 他认为朋友越多越好，多多益善。

多多益善：＿＿＿＿＿＿＿＿＿＿＿＿＿＿＿＿＿＿＿

(3) 别人给我们提出的善意批评我们得虚心接受。

善意：＿＿＿＿＿＿＿＿＿＿＿＿＿＿＿＿＿＿＿＿＿

(4) 她对自己的要求很高，希望每件事都能做到尽善尽美。

尽善尽美：＿＿＿＿＿＿＿＿＿＿＿＿＿＿＿＿＿＿＿

八、你见过下面的词语吗？它们都是从《论语》中演变而来的，选择其中的三个，说说它们的意思，学会使用它们

犯上作乱	后生可畏
巧言令色	食不厌精
吾日三省吾身	四海之内皆兄弟
慎终追远	成人之美
温良恭俭让	以文会友
道听途说	欲速则不达
以和为贵	不在其位，不谋其政
一言以蔽之	以德报怨
四十不惑	杀身以成仁
从心所欲	人无远虑，必有近忧
是可忍，孰不可忍	己所不欲，勿施于人
尽善尽美	当仁不让
一以贯之	小不忍则乱大谋
听其言而观其行	有教无类
文质彬彬	血气方刚
诲人不倦	割鸡焉用牛刀
乐在其中	色厉内荏
任重道远	学而优则仕

知识拓展

《论语》

《论语》是儒家学派的经典著作之一，与《大学》《中庸》《孟子》并称"四书"，再加上《诗经》《尚书》《礼记》《周易》《春秋》，总称"四书五经"。

作为一部以记言为主的语录体散文集，《论语》主要以语录和对话文体的形式记录了孔子及其弟子的言行，集中体现了孔子的政治、审美、道德伦理和功利等价值思想。《论语》内容涉及政治、教育、文学、哲学以及立身处世的道理等多方面。早在春秋后期孔子设坛讲学时期，其主体内容就已初始创成；孔子去世以后，他的弟子和再传弟子代代传授他的言论，并逐渐将这些口头记诵的语录言行记录下来，因此称为"论"；《论语》主要记载孔子及其弟子的言行，因此称为"语"。清朝赵翼解释说："语者，圣人之语言，论者，诸儒之讨论也。"其实，"论"又有纂的意思，所谓《论语》，是指将孔子及其弟子的言行记载下来编纂成书。现存《论语》20 篇，492 章，其中记录孔子与弟子及时人谈论之语约 444 章，记孔门弟子相互谈论之语 48 章。

被尊为儒家经典的《论语》，其内容博大精深，包罗万象。《论语》的思想主要由三个既各自独立又紧密相依的范畴组成：伦理道德范畴——仁，社会政治范畴——礼，认识方法论范畴——中庸。仁，首先是人内心深处的一种真实的状态，这种真的极致必然是善的，这种真和善的完全状态就是"仁"。孔子确立的仁的范畴，进而将礼阐述为适应于仁、表达仁的一种合理的社会关系与待人接物的规范，进而明确"中庸"的系统方法论原则。"仁"是《论语》的思想核心。

拓展练习

尝试回答以下问题：

1."四书五经"具体指的是哪些著作？

2.《论语》一书主要记录了哪些内容？

3.《论语》书中的内容主要涉及哪些方面？

4.《论语》中所阐述的思想主要有哪些部分？

5. 谈谈《论语》对现代社会的影响。

补充阅读

《论语》 八则

曾子曰："吾日三省吾身：为人谋而不忠乎？与朋友交而不信乎？传不习乎？"

（《论语·学而》）

子曰："学而不思则罔，思而不学则殆。"

（《论语·为政》）

子曰："吾十有五而志于学，三十而立，四十而不惑，五十而知天命，六十而耳顺，七十而从心所欲，不逾矩。"

（《论语·为政》）

子曰："贤哉，回也！一箪食，一瓢饮，在陋巷，人不堪其忧，回也不改其乐。贤哉，回也！"

（《论语·雍也》）

子曰："知之者不如好之者，好之者不如乐之者。"

（《论语·雍也》）

子在川上曰："逝者如斯夫，不舍昼夜。"

（《论语·子罕》）

子曰："三军可夺帅也，匹夫不可夺志也。"

（《论语·子罕》）

子夏曰："博学而笃志，切问而近思，仁在其中矣。"

（《论语·子罕》）

译文

曾子说："我每天很多次反省自己，替别人办事情是否没有全力以赴呢？和朋友交往是否没有诚实信用呢？老师传授我的功课是否没有温习呢？"

（《论语·学而》）

孔子说："只学习而不动脑筋思考，就会茫然不解；只凭空思考而不学习，就会疑惑不解。"

（《论语·为政》）

孔子说："我十五岁就立志学习，三十岁就能有所成就，四十岁遇到事情不再感到困惑，五十岁就知道哪些是人力不能支配的事情而乐知天命，六十岁时能听得进各种不同的意见，七十岁可以随心所欲（收放自如），却又不超越规矩。"

（《论语·为政》）

孔子说："颜回的品质是多么高尚啊！一箪饭，一瓢水，住在简陋的小屋里，别人都忍受不了这种穷困清苦，颜回却没有改变他好学的乐趣。

颜回的品质是多么高尚啊！"

（《论语·雍也》）

孔子说："对于学习，了解怎么学习的人，不如喜爱学习的人；喜爱学习的人，又不如以学习为乐的人。"

（《论语·雍也》）

孔子在河岸上说："时光像河水一样流去，日夜不停。"

（《论语·子罕》）

孔子说："军队的首领可以被改变，但是男子汉（有志气的人）的志向是不能被改变的。"

（《论语·子罕》）

子夏说："广泛学习而且坚定志向，诚恳地发问请教，多思考当前的事情，仁德就在其中了。"

（《论语·子罕》）

第十四课

课文

爱莲说

水陆草木之花⁽¹⁾，可爱者甚蕃⁽²⁾。晋陶渊明独爱菊⁽³⁾。自李唐来⁽⁴⁾，世人甚爱牡丹⁽⁵⁾。予独爱莲之出淤泥而不染⁽⁶⁾。濯清涟而不妖⁽⁷⁾，中通外直⁽⁸⁾，不蔓不枝⁽⁹⁾，香远益清⁽¹⁰⁾，亭亭净植⁽¹¹⁾，可远观而不可亵玩焉⁽¹²⁾。

予谓菊，花之隐逸者也⁽¹³⁾；牡丹，花之富贵者也；莲，花之君子者也⁽¹⁴⁾。噫⁽¹⁵⁾！菊之爱，陶后鲜有闻⁽¹⁶⁾。莲之爱，同予者何人⁽¹⁷⁾？牡丹之爱，宜乎众矣⁽¹⁸⁾！

《周元公集》

题解

《爱莲说》是北宋理学家周敦颐创作的一篇散文。这篇文章通过对莲的形象和品质的描写，歌颂了莲花坚贞的品格，作者托物言志，表达了不慕名利，洁身自好的生活态度，从而也表现了作者的高洁人格和洒脱胸襟。

注释

（1）水陆：名词。水中和陆地上。

草木：名词。草本和木本。

之：助词。用在定语和中心词之间，可译为"的"。

水陆草木之花：水中和陆上的花草树木。

(2) 可：助动词。值得。

爱：动词。喜欢。

者：代词。用于动词后，组成一个名词性词组，可译为"……的东西"或"……的事物"。

甚：副词。很，非常。

fán
蕃：形容词。同"繁"，多。

可爱者甚蕃：值得喜欢的有很多。

jìn
(3) 晋：名词。晋朝。

táoyuānmíng
陶渊明：名词。人名，东晋末年著名诗人。

独：副词。仅仅，只。

菊：名词。秋天开的一种花。

晋陶渊明独爱菊：东晋的陶渊明只喜欢菊花。

(4) 自……来：介词。从……以来，自从……以来。

李唐：名词。指唐朝，因为唐朝的皇帝姓李，所以后人也称唐朝为"李唐"。

自李唐来：自唐代以来。

(5) 世人：名词。世上的人。

牡丹：名词。一种名花，自古以来深得中国人的喜爱。

世人甚爱牡丹：世上的人非常喜欢牡丹。

(6) 予：代词。我。

莲：名词。莲花，即荷花。

之：助词。用在主语和谓语之间，取消句子独立性。

yū ní
淤泥：名词。池塘或水沟里积存的污泥。

而：连词。可，却，表转折。

染：动词。沾上脏东西。

予独爱莲之出淤泥而不染：我唯独喜爱莲花从污泥中生长出来，

却没有被染污。

（7）濯 zhuó：动词。洗，洗涤。

清：形容词。干净的。

涟 lián：名词。涟漪 yī，细小的波纹。

妖 yāo：形容词。娇艳，妖媚。

濯清涟而不妖：经过清清水波的洗涤，显得洁净而不妖艳。

（8）中：名词。中间，指荷花茎梗的内部。

通：形容词。贯通，通达。

直：形容词。笔直。

中通外直：它的茎里面贯通，外面笔直。这是通过赞美荷花的茎来比喻君子胸怀通达，行为端正。

（9）蔓 màn：动词。蔓延。

不蔓：不靠缠绕在高大的树木或架子上生长。

枝：名词。枝杈，树枝。这里用作动词，是"长出枝杈"的意思。

不蔓不枝：不牵丝攀藤，也没有长出枝杈。

（10）益 yì：副词。更加，越来越。

清：形容词。清香，清新。

香远益清：香气（传得）越远越清香。

（11）亭亭 tíng：形容词。直立的样子。

净：形容词。洁净，干净。

植：动词。树立。

亭亭净植：直直地、洁净地挺立在水中。

（12）观：动词。观看，观赏。

亵 xiè：形容词。亲近而不庄重，轻慢。

玩：动词。玩弄。

焉 yān：语气词。用于句末，表示陈述语气，相当于"啊"。

可远观而不可亵玩焉：可以远看，却不可以走近去随意玩弄。

（13）谓：动词。认为。 ^{wèi}

隐逸者：名词。隐居的人，即隐士。隐逸，指隐居避世。因为秋天花草都已经枯萎，而菊花却在这时开花，就像一个隐士一样。 ^{yǐn yì zhě}

也：语气词。用于判断句的句末，表示判断语气。

予谓菊，花之隐逸者也：我认为菊花，是百花中的隐士。

（14）君子：名词。指品德高尚的人。

牡丹，花之富贵者也；莲，花之君子者也：牡丹是花中的富贵人；莲花是花中的君子。

（15）噫：叹词。唉。

（16）陶：名词。指陶渊明。

鲜：副词。不常，少。 ^{xiǎn}

闻：动词。听，听说，听到。

菊之爱，陶后鲜有闻：喜爱菊花（的人），在陶渊明以后，很少听到了。

（17）同：动词。相同，跟……一样。

莲之爱，同予者何人：喜爱莲花（的人），和我相同的有谁呢？

（18）宜：形容词。当然。 ^{yí}

乎：形容词词尾。

众：形容词。人多。

矣：语气词。用于陈述句句末，表示陈述语气。

牡丹之爱，宜乎众矣：喜爱牡丹（的人），当然就很多了！

语法释析

一、"矣"的用法

"矣"经常用在叙述句句尾，把事物发展变化的情况告诉别人，含有运动过程和时间因素，是个表示动态的直陈语气词，相当于现代汉语中的"了"。

"矣"表示的动态有两种情况。

1. 原来或从前就有这种情况，说话人把它当作一种新情况提出来加以陈述，或告知别人。例如：

（1）使阳处父追之，及诸河，则在舟中矣。（《左传·僖公十三年》）

译：晋襄公派阳处父去追（孟明等人），追到河边，（孟明等人）已登舟离岸了。

（2）其子趋而往视之，苗则槁矣。（《孟子·公孙丑上》）

译：他的儿子急忙跑到田里去看，禾苗全都枯死了。

2. 现在还没有出现某种情况，但预料、推断这种情况必将出现，说话人也可以用"矣"把这必将出现的新情况提示出来。例如：

（1）我得天，楚伏其罪，吾且柔之矣。（《左传·僖公二十八年》）

译：我们得到天助，楚王面向地服罪，我们会使他驯服的。

（2）若其不还，君退臣犯，曲在彼矣。（《左传·僖公二十八年》）

译：如果楚国不罢兵，君主退让而臣子依旧进犯，楚国就失掉了道义。

"矣"表示可能性的叙述句和以形容词为谓语的描写句，虽然不表示一种动作过程，但同样可以陈述新情况，所以也可以用"矣"结尾。例如：

（3）齐人三鼓，刿曰"可矣。"（《左传·庄公十年》）

译：齐国军队敲了三次鼓，曹刿说："可以进攻了。"

（4）今老矣，无能为也已。（《左传·僖公三十年》）

译：现在老了，也不能有什么作为了。

例（3）是表示可能的叙述句，含有原来不可以现在可以了的意思。例（4）是描写句，含有原来没有那种状态而现在出现了的意思，属于新情况。

"矣"用在祈使句句尾，是说话人希望对方实现某种行为或完成某种事情，因为是希望实现或完成，所以都带有将然的性质。例如：

（5）君无疑矣。（《商君书·更法》）

译：国君不要迟疑不定了。

（6）豹曰："廷掾起矣。"（《史记·滑稽列传补》）

译：西门豹说："廷掾可以起来了。"

"矣"还可以用在疑问句和感叹句句尾，但它表示的仍然是陈述语气，句子的疑问语气和感叹语气是由别的方式表示的。例如：

（7）危而不持，颠而不扶，则将焉用彼相矣？（《论语·季氏》）

    译：站不住的时候不去扶，摔倒了不去搀扶，那么还要你这个引导盲人走路的人做什么？

（8）德何如则可以王矣？（《孟子·梁惠王上》）

    译：要怎样的德行才可以称王？

以上是疑问句句尾用"矣"，句中一般都另有疑问词表示疑问。

（9）久矣，吾不复梦见周公！（《论语·述而》）

    译：我很久没有再梦见周公了！

（10）甚矣，汝之不惠！（《列子·汤问》）

    译：你真是太不聪明了！

以上是感叹句句尾用"矣"，用谓语提前来表示感叹语气。

二、"不……不……"

"不……不……"格式在古代汉语与现代汉语中均有，在古代汉语中，主要具有两种语义关系：一是表示并列关系，二是表示条件关系。

（一）表示并列关系。

用两个"不"否定并列的行为或状态，可译为"既不……又（也）不……"。如：

（1）中通外直，不蔓不枝。（《爱莲说》）

    译：（它的茎）里面通达，外面笔直，不牵丝攀藤，也没有长出枝杈。

（2）七十者衣帛食肉，黎民不饥不寒。（《孟子·梁惠王上》）

    译：七十岁的老人穿上丝制的衣服吃上肉，百姓既不会挨饿也不会挨冻。

（二）表示条件关系。

上文的"不"引出条件，下文的"不"引出条件影响下的结果，可译为"（要是）不……就不……"。如：

（1）<u>不</u>登高山，<u>不</u>知天之高也；<u>不</u>临深溪，<u>不</u>知地之厚也；<u>不</u>闻先王之言，<u>不</u>知学问之大也。（《荀子·劝学》）

译：不登上高山，就不知道天（有多）高；不站在深谷的边缘从高处往下看，就不知道地（有多）厚；不听古代贤明君主留下来的话，就不知道学问（有多）大。

（2）道虽迩，<u>不</u>行<u>不</u>至；事虽小，<u>不</u>为<u>不</u>成。（《荀子·修身》）

译：道路虽然近，要是不走就不（能）到达；事情虽然小，要是不做就不（能）成功。

在现代汉语中，"不……不……"是一种比较常用的格式，主要以词汇的形式出现，很少用于句子形式。如：

表示并列关系，相当于现代汉语中的"既不……也不……"，如：不吃不喝、不早不晚、不大不小、不年不节等；

表示条件关系，相当于现代汉语中的"如果不……就不……"，如：不见不散、不破不立等。

练习

一、根据课文内容回答下列问题

1. 陶渊明喜爱什么植物？唐代以来的人喜爱什么植物？

2. 本文作者喜爱什么植物？他为什么喜爱这一植物？

3. 莲花"出淤泥而不染，濯清涟而不妖……可远观而不可亵玩焉"的形象有什么象征意义？

4. 你知道中国古代知识分子"借物明志"的其他例子吗？

二、请翻译下列句子，并指出句子中加下划线的词的意义

1. 水陆草木之花，<u>可爱</u>者甚<u>蕃</u>。

2. 自李唐来，<u>世人</u>甚爱牡丹。

3. <u>予</u><u>独</u>爱莲之出淤泥而不染。

4. 不<u>蔓</u>不<u>枝</u>，香远<u>益</u>清，亭亭净植。

5. 可<u>远观</u>而不可<u>亵玩</u>焉。

6. 予<u>谓</u>菊，花之<u>隐逸</u>者也。

7. 菊之爱，陶后鲜有闻。

8. 牡丹之爱，宜乎众矣。

三、尝试翻译下列带"矣"的句子

1. 为之，则难者亦易矣。

2. 吾计决矣。

3. 吾尝终日而思矣，不如须臾之所学也。

4. 公子勉之矣。

5. 不可，吾既已言之王矣。

四、判断下列句子中"不……不……"短语的语义关系

A. 既不……也不……　　　B. 如果不……就不……

1. 要是喜欢干什么，时间就会不知不觉地过去。（　　）

2. 这件衣服不大不小，不肥不瘦。（　　）

3. 你看过电影《不见不散》吗？（　　）

4. 虽然她的丈夫患了重病无法工作，但她对他还是不离不弃。（　　）

5. 俗话说"不破不立"，改革当然会使人产生危机意识。（　　）

6. 那位外交官不卑不亢，语言得体，表现出了应有的风度。（　　）

7. 他们俩可以算是不打不相识。（　　）

8. 他这个人非常低调，总是不声不响地做自己的事情。（　　）

五、古语今用

1. "不蔓不枝，香远益清，亭亭净植"中"益"的意思是_____。根据这一义项，解释下列句子中含有"益"的词语。

（1）六十岁的他跑得比二十多岁的年轻人还快，可真是老当益壮。

　　老当益壮：_____

（2）希望大家踊跃捐款，多多益善。

　　多多益善：_____

（3）这家工厂的产品已经是世界领先水平了，但他们仍精益求精，毫不马虎。

　　精益求精：_____

（4）现在的孩子学习负担日益加重，每天不是学习就是在去学习的
路上。

日益加重：＿＿＿＿＿＿＿＿＿＿＿＿＿＿＿＿＿＿＿

（5）自从他得了学业进步奖之后，每天学习益发自觉。

益发：＿＿＿＿＿＿＿＿＿＿＿＿＿＿＿＿＿＿＿

2．"菊之爱，陶后鲜有闻"中"鲜"的意思是＿＿＿＿＿。根据这一义项
解释下列句子中含有"鲜"的词语。

（1）作为一个老饕，他知道很多鲜为人知的餐厅。

鲜为人知：＿＿＿＿＿＿＿＿＿＿＿＿＿＿＿＿＿

（2）他在比赛中鲜有失手，但这次却连八强都没有进入。

鲜有：＿＿＿＿＿＿＿＿＿＿＿＿＿＿＿＿＿

（3）那些寡廉鲜耻的人是不会有良心的。

寡廉鲜耻：＿＿＿＿＿＿＿＿＿＿＿＿＿＿＿＿＿

六、思考题

1．你怎样理解"予谓菊，花之隐逸者也；牡丹，花之富贵者也；莲，
花之君子者也"？说说你所知道的中国人对菊花、牡丹和莲花的看法。

2．本文赞扬莲"出淤泥而不染，濯清涟而不妖"，比喻君子不与恶浊
世风同流合污且不孤高自许。但在我们生活中常听到人们说"近朱者赤，
近墨者黑"，你是怎样看待这两种观点的呢？

知识拓展

中国文化中的几种植物

古典诗词中常常会出现各种植物，仅在《诗经》中出现的植物种类就
有160多种。这些植物有些是在日常生活中或者农耕活动中会接触到的植
物，如孟浩然《过故人庄》中"把酒话桑麻"里的桑和麻，陶渊明《归
园田居》中"种豆南山下，草盛豆苗稀"里的豆，还有李绅《悯农》中
"春种一粒粟，秋收万颗子"与"锄禾日当午，汗滴禾下土"里的粟与禾；
而有些则是象征性植物，常常用来比喻人、事或具有其他象征意义，如本

课《爱莲说》一文中提到的菊花、牡丹及莲花等。

让我们一起了解一下中国文化中的几种植物及它们的象征意义。

中国人把竹、松、梅合称为"岁寒三友"，把梅、兰、竹、菊并誉为"花中四君子"，可见这几种花木都具有特定的文化含义，而且中国人对它们的审美评价也是基本一致的。源于以上这些花木品种的成语，大多具有比喻义或象征义。

竹是生长于中国境内的古老的禾本品种。自古以来，竹在汉人的生活中一直占据着极其重要的地位，《尚书》对竹作了最早的记载。《山海经》《尔雅》《说文解字》等典籍对竹的产地、种类、形状待征和用途都有记载；《吕氏春秋》《穆天子传》《汉书》《楚国先贤传》等记录了不少与竹有关的传说与典故。苏东坡《记岭南行》中有一段话，概括了竹在汉人衣食住行中的重要性。他说："食者竹笋，庇者竹瓦，载者竹筏，爨^{cuàn}者竹薪，衣者竹皮，书者竹纸，履者竹鞋，真可谓不可一日无此君也耶。"他甚至还感叹说："宁可食无肉，不可居无竹。"中国人使用竹，也热爱竹。竹一直被中国人看成是一种气韵高雅的植物。竹的姿态秀丽洒脱，富有神韵，象征人品德高尚、气质不俗。竹身上有节，由语音上的联想，表明人能虚心自持、坚守节操。《礼记·礼器》云："其在人也，如竹箭之有筠也。"魏晋时期的嵇康等人"相与友善，游于竹林，号为七贤"，"竹林七贤"以竹的品性自喻，表示不与世俗同流合污。李白等一批文人骚客也曾隐居于竹溪，世称"竹溪六逸"。苏轼、郑板桥等都是画竹的能手。苏轼曾就竹的画法与文与可进行过专门的讨论。"胸有成竹"就是苏轼提出的画竹理论之一，他认为画竹之前，必须在心中先酝酿出竹的神韵形态，也就是要有完整的构思，然后才能落笔。

松常与柏合称，它们为中国人所喜爱，主要是因为它们具有耐寒而四季常青的自然属性。松柏的顽强生命力被象征为人所具有的坚韧勇敢的品性，即敢于与恶劣艰苦的环境相抗争，不以环境的变化而有所改变。《礼记》云："其在人也，……如松柏之有心也……故贯四时不改柯易叶。"成语"苍松翠柏"既是写景，也象征那些具有不朽灵魂的英雄人物。

梅是中国的特产花卉之一，它耐严寒，报早春，有清香。王安石的《梅花》诗云："墙头数枝梅，凌寒独自开。遥知不是雪，为有暗香来。"

歌颂了梅的高尚品格。陆游在《咏梅》词中说："驿外断桥边，寂寞开无主。已是黄昏独自愁，更著风和雨。无意苦争春，一任群芳妒。零落成泥碾作尘，只有香如故"，写尽了梅庄重的节操。成语"疏影横斜，暗香浮动"源于宋词，生动地描述了梅的秀雅风姿。由此可见，梅的自然美很早就被汉民族赋予了积极、褒扬的文化内容。

兰和菊在汉文化中也具有鲜明的文化色彩。成语中有"春兰秋菊"，可见这两种花都很有代表性。兰花色泽朴素清淡，《孔子家语·在厄》中说："芝兰生于深林，不以无人而不芳，君子修道立德，不为困穷而改节。"兰高贵典雅，具有贵人气质。古书上记载孔子周游列国，在受挫归国的路上看到兰花感叹道："夫兰当为王者香，今乃独茂，与众草为伍"他借兰抒发了自己怀才不遇、生不逢时的感慨。"兰"的成语充分体现了这种文化意识。"空谷幽兰""芳兰竟体""蕙心兰质"都是以兰喻人，比喻人具有良好的修养而气质不俗，"芝兰玉树""兰桂齐芳"中的"兰""玉树""桂"都比喻优秀的子弟，"桂殿兰宫""桂楫兰桡""桂馥兰香"这几条以兰喻物，比喻宫室建筑或日常用品精美贵重。"兰因絮果"一词出自春秋时郑文公妾燕姞梦天使赠兰花，因而与郑文公结合，可见兰还是表达爱情的信物。成语中的"兰摧玉折""兰艾难分""兰艾同焚"则对优秀人物的被埋没、被摧残发出了沉重的叹息。

菊是秋季盛开的花卉。重阳节的登高赏菊是汉人独有的风俗。《离骚》曰："朝饮木兰之坠露兮，夕餐秋菊之落英。"菊花美丽艳俗，却不与群芳争艳，故历来被用来象征恬然自处、傲然不屈、与世无争的高尚品格。唐朝元稹《菊花》中写道："秋丛绕舍似陶家，遍绕篱边日渐斜。不是花中偏爱菊，此花开尽更无花。"此外，菊在古时也叫黄花，象征年老、长寿。成语"黄花晚节"就是借用菊花的象征义比喻人虽到晚年仍能坚守节操，善始善终。

拓展练习

尝试回答以下问题。

1. 中国古代文学中出现的植物可以分为哪几类？

2. "岁寒三友"和"花中四君子"指的是哪些植物？

3. 为什么这些植物会被归类到一起？

4. 在你的文化中，特定的植物是否有特别的含义？请举例说明。

补充阅读

卜算子·咏梅

陆游

驿外断桥边，寂寞开无主。已是黄昏独自愁，更著风和雨。

无意苦争春，一任群芳妒。零落成泥碾作尘，只有香如故。

卜算子·咏梅

毛泽东

读陆游《咏梅》词，反其意而用之。

风雨送春归，飞雪迎春到。已是悬崖百丈冰，犹有花枝俏。

俏也不争春，只把春来报。待到山花烂漫时，她在丛中笑。

译文：

陆游词：

寂寞无主的幽梅，在驿馆外断桥边开放。已是日落黄昏，她正独自忧愁感伤，一阵阵凄风苦雨，又不停地敲打在她身上。

她完全不想占领春芳，听任百花群艳心怀妒忌将她中伤。纵然她片片凋落在地，粉身碎骨碾作尘泥，清芬却永留世上。

毛泽东词：

作者品读了陆游的《卜算子·咏梅》词，反用它原本的寓意而写了这首词：

风雨把冬天送走了，漫天飞雪又把春天迎来。悬崖已结百丈坚冰，但梅花依然傲雪俏丽竞放。

（梅花）她虽然美丽但不与桃李争艳比美，只是来报春天的消息。等到满山遍野开满鲜花之时，她却在花丛中笑。

第十五课

课文

劝学[1] （节选）

君子曰：学不可以已[2]。青，取之于蓝[3]，而青于蓝[4]。冰，水为之，而寒于水[5]。木直中绳[6]，𫐐以为轮[7]，其曲中规[8]。虽有槁暴，不复挺者[9]，𫐐使之然也[10]。故木受绳则直[11]，金就砺则利[12]，君子博学而日参省乎己[13]，则知明而行无过矣[14]。

吾尝终日而思矣[15]，不如须臾之所学也[16]。吾尝跂而望矣，不如登高之博见也[17]。登高而招，臂非加长也，而见者远；顺风而呼，声非加疾也，而闻者彰[18]。假舆马者，非利足也，而致千里[19]；假舟楫者，非能水也，而绝江河[20]。君子生非异也，善假于物也[21]。

《荀子·劝学》

题解

荀子，名况（前313—前238），战国末年赵国人。是先秦儒家学派的集大成者，其思想中也包含了一些法家的成分。《荀子》现存三十二篇，其中大部分是荀子的作品，一小部分由其学生撰写。书中论述了政治、哲学、治学方法、立身处事等方面的内容。本篇讲述了学习的意义，指出学习可以增长知识，培养好的品行。

注释

（1）劝：动词。劝勉，鼓励。

劝学：鼓励人们学习。

（2）君子：名词。指道德高尚的人。

已：动词。停止。

君子曰：学不可以已：君子说：学习是不能停止的。

（3）青：名词。靛^{diàn}青，蓝色的染料。

于：介词。从。

蓝：名词。蓝草，草本植物，可以提炼蓝色染料。

青，取之于蓝：靛青，是从蓝草里提取的。

（4）而：连词。但是。

于：介词。表示比较。

而青于蓝：但是却比蓝草更蓝。

（5）寒：形容词。冷。

冰，水为之，而寒于水：冰，是由水凝结而成的，却比水更冷。

（6）木：名词。木头。

直：形容词。曲直程度。

中^{zhòng}：动词。符合。

绳：木匠取直的墨线。

木直中绳：木头直得合乎墨线的要求。

（7）輮：动词。通"揉"，用小火煨烤木头，使它变弯曲。

以为：以之为，把它当作。

轮：名词。车轮。

輮以为轮：用火烤使它变弯当作车轮。

（8）曲：名词。弯曲程度。

规：名词。木匠取圆的圆规。

其曲中规：它的弯度合乎圆规（的要求）。

（9）槁暴：动词。晒干。gǎo pù

复：副词。再。

挺：形容词。直。

虽有槁暴，不复挺者：即使经过风吹日晒也不会变直了。

（10）……之……也：……是（因为）……

然：代词。这样。

輮使之然也：是经过弯曲加工而使它成为这个样子。

（11）故：连词。所以。

受绳：接受墨线，意思是经过加工。

故木受绳则直：所以木头被墨线量过就能取直。

（12）金：名词。金属制成的刀斧等器具。

就：动词。靠近，意思是把刀放在磨刀石上。

砺：名词。磨刀石。lì

利：形容词。锋利。

金就砺则利：刀剑在磨刀石上磨过就很锋利。

（13）博学：广泛地学习。

日：副词。每天。

参：数词。通"三"，指多次。sān

省：动词。反省，检查。xǐng

君子博学而日参省乎己：君子广泛学习知识而且每日多次进行自我检查。

（14）知：名词。通"智"，智慧。zhì

行：名词。行为。

过：名词。错误，过错。

则知明而行无过矣：就会头脑聪明而行为不会有过错了。

（15）尝：副词。曾经。

终日：副词。一整天。

吾尝终日而思矣：我曾经整天地思考。

（16）须臾^{yú}：副词。片刻，短时间。

须臾：副词。片刻，短时间。

不如须臾之所学也：不如片刻学习的收获大。

（17）跂^{qǐ}：动词。踮起脚后跟。

吾尝跂而望矣，不如登高之博见也：我曾经踮起脚来远望，却不如登到高处眼界开阔。

（18）疾：形容词。强，猛烈。这里指声音洪亮。

彰^{zhāng}：形容词。清楚，明白。

登高而招，臂非加长也，而见者远：站在高处向人招手，手臂并没有加长，远处的人却可以看见。

顺风而呼，声非加疾也，而闻者彰：顺着风势呼喊，声音并没有加大，听的人却可以听得很清楚。

（19）假：动词。借助。

舆^{yú}：名词。车。

利足：名词。脚走得很快，很能走路。

致：动词。到达。

假舆马者，非利足也，而致千里：驾车的人，不是自己跑得快，却能到达千里之外。

（20）水：名词用作动词，游泳。

绝：动词。横渡，渡过。

假舟楫者，非能水也，而绝江河：乘坐舟船的人，并不是自己会游泳，却能横渡江河。

（21）善：动词。擅长，善于。

生^{xìng}：名词。通"性"，资质秉性。

君子生^{xìng}非异也，善假于物也：君子并不是生来就与别人不同，只不过是他善于借助和利用外物罢了。

语法释析

一、"乎"的介词用法

在古代汉语中,"乎"作介词,介绍处所或时间,"在""从""到";介绍直接涉及的对象(不译);介绍旁及的对象,"向""对";介绍比较的对象,"比"等。例如:

(1)以吾一日长乎尔,毋吾以也。(《论语·先进》)

译:因为我比你们年长一些,不要因为我(年长而不敢说话)。

(2)今虽死乎此,比吾乡邻之死则已后矣。(《捕蛇者说》)

译:现在我即使死在这差事上,与我的乡邻相比,我已经是死在后面了。

(3)吾尝疑乎是,今以蒋氏观之,犹信。(《捕蛇者说》)

译:我曾经怀疑过这句话,现在从蒋氏的遭遇来看,还真是可信的。

(4)生乎吾前,其闻道也固先乎吾,吾从而师之。(《师说》)

译:在我之前出生的人,他们听闻见识事情本来也比我早,我就跟随他们,把他们当作老师。

(5)能哲而惠,何忧乎驩兜?何迁乎有苗?(《尚书·皋陶谟》)

译:能做到明智和受人爱戴,何必担心驩兜?何必流放三苗?

(6)游于江海,淹乎大沼。(《战国策·楚策四》)

译:黄鹄在江海上遨游,停留在大沼泽旁边。

二、"可以"的用法

"可以"在古代汉语中有两种用法:

1. 用作助动词,相当于现代汉语的"可以""能"或"应该"。如:

(1)不和于战,不可以决胜。(《吴子·图国第一》)

译:战斗行动不协调,就不能取胜。

(2)学不可以已。(《荀子·劝学》)

译:学习是不可以(让它)停止的。

(3)彼如曰"孰可以伐之?"则将应之曰:"为天吏,则可以伐之。"

（《孟子·公孙丑下》）

译：他如果问"谁应该去讨伐它？"那（我）便会说："只有奉天命治民的人才能讨伐它。"

2. "可以"是两个词，"以"是介词"用"，可译为"可以用来"或"可以因为"。如：

（1）忠之属也，<u>可以</u>一战。（《左传·庄公十年》）

译：这是尽心为民的事，可以凭这打一仗。

（2）不<u>可以</u>风疾之故而失信。（《韩非子·外储说左上》）

译：不能因为风大的缘故（不去）而失掉信用。

但是，这种意思的"可以"现代汉语中已不再使用。

三、"以为"和"以……为……"

古代汉语中的"以为"有两种用法：

1. 和现代汉语中"以为"的意义相同，当"认为"讲。本课就是这种用法。如：

（1）人人自<u>以为</u>必死。（《资治通鉴·唐纪》）

译：每个人都自认为（这次）一定会死。

（2）诸君<u>以为</u>如何？（《青溪寇轨》）

译：你们认为怎样？

2. "以为"是"以……为…"结构的省略形式。在"以……为……"结构中，如果中间是代词"之"，即"以之为…"，这个"之"常常是省略的。省略后形式上看起来是"以为"，而实际上是"以……为……"，不能把这种"以为"讲成"认为"。如：

（1）威王问兵法，遂<u>以为</u>师。（《史记·孙子吴起列传》）

译：齐威王问（孙膑）兵法（之后），就把（他）当作军师

（2）得而腊之<u>以为</u>饵。（《捕蛇者说》）

译：捉到了这种蛇晾干了把它做成药。

以上两个例子形式上看似是"以为"，实际上都是"以之为"，只不过"之"都省略了。如果把这种"以为"当"认为"看，意思就不通了。这种由省略而来的"以为"应该翻译成"把……当作……""用……作……"。"以为"的第二种用法是学习古代汉语时特别要注意的。

"以……为……"格式是古代汉语中常见的格式，主要的用法有两种：

1. 跟"以为"相同，"认为"的意思。如：

（1）子曰："吾以汝为死矣。"（《史记·孔子世家》）

　　　译：孔子（对颜渊）说："我以为你死了。"

（2）今上急耕田垦草，以厚民产也，而以上为酷。（《韩非子·显学》）

　　　译：现在君主督促种田开荒，为的是增加百姓的财富，可是（有

　　　人）却认为君主残酷。

这两例中的"以……为……"相当于"认为""以为"。

2. "把……当作……""用……作……"的意思。如：

（1）乃以乳为目，以脐为口。（《山海经·海外西经》）

　　　译：于是用（他的）乳房当作眼睛，用肚脐当作嘴巴。

（2）不以木为之者，……不可取。（《梦溪笔谈》）

　　　译：不用木头做字模的原因是……取不下来。

以上两个例子中的"以"是介词用法。

在古代汉语中，"以……为……"格式中的"以"字也可以用作动词，意思是"任用""任命""让"，"为"字后面的成分表示某种职务或官职，可译为"任用……为……""让……做……"。如：

（3）乃以宗正刘礼为将军，军霸上。（《史记·绛侯周勃列传》）

　　　译：（汉文帝）就任命宗正官刘礼为将军，驻扎在灞上。

（4）以故相为上将军。（《战国策·齐策四》）

　　　译：任命（让/派）原来的丞相为（做）上将军。

上面两个例子中的"为"字后面跟有"将军""上将军"等表示官衔或职位的词语。

这种"以"是动词的"以……为……"格式，有点类似于兼语结构，如"以故相为上将军"中，"以"是第一个动词，宾语是"故相"；"为"是第二个动词，它的主语是"故相"；"故相"兼作第一动词的宾语和第二动词的主语，因而是兼语。在现代汉语中，如果任命某个人承担某个角色或职位时，也经常使用兼语式。如：

（5）老师任命小李当班长。

（6）导演让他演曹操。

在例（5）中，"小李"是兼语，兼作"任命"的宾语、"当"的主

语；"班长"是"当"的宾语，职位名词。例（6）中的"他"是兼语，兼作"让"的宾语、"演"的主语；"曹操"是"演"的宾语，表示角色。

练习

一、根据课文内容回答下列问题

1. 荀子关于学习的观点是什么？

2. 荀子在文中使用了很多比喻来说明他的观点，这些比喻分别是什么？

3. 荀子认为人自身的能力重要还是后天的努力重要？

二、请翻译下列句子并写出加下划线的词的意义

1. 学不可以<u>已</u>。

2. 青，取之<u>于</u>蓝，而青<u>于</u>蓝。

3. 木直<u>中</u>绳。

4. 虽有<u>槁暴</u>，不复挺者。

5. 金就砺则<u>利</u>。

6. 君子博学而<u>日</u>参省乎己。

7. 顺风而呼，声非加<u>疾</u>也，而闻者<u>彰</u>。

8. <u>假</u>舆马者，非<u>利足</u>也，而致千里。

9. 吾尝<u>终日</u>而思矣，不如<u>须臾</u>之所学也。

10. 君子生非异也，<u>善</u>假于物也。

三、把下列句子翻译成现代汉语

1. 玉不琢，不成器；人不学，不知道。

2. 自恃其聪与敏而不学者，自败者也。

3. 知不足者好学，耻下问者自满。

4. 学而不化，非学也。

5. 善学者假人之长，以补其短。

四、指出下列句子中的"以为""以……为……"的意义

A. 认为　　　　B. 把……当作……/用……作……

1. 笔者<u>以为</u>，要想切实改变现状必须从源头治理。（　　）

2. 大家都<u>以为</u>韩梅梅是李雷的女朋友。（　　）

3. 他<u>以</u>树皮<u>为</u>衣服，<u>以</u>野果<u>为</u>食物。（　　）

4. 这些工人都<u>以</u>工厂<u>为</u>家。（　　）

5. 要是统计离婚率的话，我<u>以为</u>"姐弟恋"应该是比较低的。
（　　）

6. 李先生<u>以</u>家教<u>为</u>自己的第二职业。（　　）

五、解释下列词语或短语，注意"过"和"利"的用法

1. 人非圣贤，孰能无过

2. 聪明过人

3. 言过其实

4. 唯利是图

5. 吾矛之利，于物无不陷也

6. 天时不如地利，地利不如人和

7. 利欲熏心

六、古语今用

1. "君子曰：学不可以已"中"已"的意思是＿＿＿＿，而现代汉语中"已"较常使用的义项是＿＿＿＿。根据这两个义项，说说下列句子中含有"已"的词语的意思。

（1）他们夫妻俩为了孩子的教育问题<u>争论不已</u>。

　　　争论不已：＿＿＿＿＿＿＿＿＿＿＿＿＿＿＿＿＿＿＿＿＿

（2）这里的风景非常漂亮，大家看到之后都<u>赞叹不已</u>。

　　　赞叹不已：＿＿＿＿＿＿＿＿＿＿＿＿＿＿＿＿＿＿＿＿＿

（3）这件事情<u>已</u>成事实，没有人可以改变了。

　　　已成事实：＿＿＿＿＿＿＿＿＿＿＿＿＿＿＿＿＿＿＿＿＿

（4）<u>已</u>婚<u>已</u>育对女性来说在职场上是优势还是劣势？

　　　已婚已育：＿＿＿＿＿＿＿＿＿＿＿＿＿＿＿＿＿＿＿＿＿

（5）看到自己的朋友获得了奖牌，他激动得<u>不能自已</u>。

　　不能自已：_____

（6）与其补救于<u>已然</u>，不如防患于未然。

　　已然：_____

2. "木直中绳""其曲中规"里"中"的意思是_____。根据这一义项解释下列句子中含有"中"的词语。

（1）他去面试的时候穿得<u>中规中矩</u>，不会很张扬。

　　中规中矩：_____

（2）他射击的时候<u>百发百中</u>，大家都称他为"神枪手"。

　　百发百中：_____

（3）你说的这些可真是<u>一语中的</u>，一下子就把问题指出来了。

　　一语中的：_____

（4）两千个学生中挑选五个去参加比赛，这个<u>中选</u>概率比较低。

　　中选：_____

七、思考题

荀子的《劝学》全文都是围绕着"学不可以已"这个中心论点展开论述的，你是否同意这个观点？关于"学习"，你觉得还有哪些方面是值得讨论的？

知识拓展

古代汉语中表示颜色的词

本课中"青，取之于蓝而青于蓝"中的"青"指的是深蓝色，现在所说"青天白日""青云直上"的"青"说的正是蓝天的颜色，"青瓷"中的"青"是淡蓝色。但是，在古代汉语里，"青"还指另外两种颜色。一是指绿色，现代汉语中仍有许多带有"青"的词语形容的是绿色的事物，比如"青菜""青草""青黄不接""青苗"，等等。"青"还指黑色，现代汉语里一些带有"青"的词语可以证明这一点，比如"青丝"指黑头发，"青衣"是黑色的衣服，"青眼""青睐"指人的黑眼珠。

除了"青"和现代汉语中的颜色词有较大区别外，其他古代汉语所用的某些颜色词也和现代汉语有所不同。"碧"既可以指"蓝"色，也可以指"绿"色，比如"碧蓝""碧空"中的"碧"就指蓝色，而"碧波""碧绿""碧螺春"中的"碧"就指绿色。表示红色的古代汉语颜色词，除了"红"以外，还有"朱"，这是"红"色当中最正的颜色，我们现在说的"朱笔""朱墨""朱砂""朱大门"等词语中的"朱"，都是正红色。"绯"也指红色，今天我们还常说"绯红""绯闻"，"绯"所指的是比较浅、比较鲜亮的红色。"殷"(yān)也指红色，但是它的色调比较深，是红中带黑的色，常常形容流出时间较长的血的颜色。

在颜色背后，还隐藏着中国人的观念。比如，明黄色是古代皇帝专用的颜色，它的地位是很高的。古代级别较高的官员，一般穿朱、紫色的衣服，而级别较低的官员则穿蓝、绿色的衣服。绛(jiàng)色是囚服的颜色。没有功名、不能做官的人则被称作"白丁"。中国人喜欢红色，认为它喜庆、吉祥，这和有些国家的人认为红色代表血腥、充满暴力的观念大不相同。

拓展练习

1. 这篇文章中讲了哪几种颜色？
2. 这些颜色在古代汉语中分别表示什么意思？
3. 文章中提到的这些颜色，在你的语言或者文化中有特殊的含义吗？
4. 为什么某些相同的颜色在不同的国家或者文化中会有不一样的含义？

补充阅读

劝学 （节选）

积土成山，风雨兴焉；积水成渊，蛟龙生焉；积善成德，而神明自得，圣心备焉。故不积跬步，无以至千里；不积小流，无以成江海。骐骥一跃，不能十步；驽马十驾，功在不舍。锲而舍之，朽木不折；锲而不舍，金石可镂。蚓无爪牙之利；筋骨之强，上食埃土，下饮黄泉，用心一也。蟹六跪而二螯，非蛇鳝之穴无可寄托者，用心躁也。

译文：

　　堆积土石成了高山，风雨从这里兴起；汇积水流成为深渊，蛟龙从这儿诞生；积累善行养成高尚的道德，精神得到提升，圣人的心境由此具备。所以不积累一步半步的行程，就没有办法达到千里之远；不积累细小的流水，就没有办法汇成江河大海。骏马一跃，也不足十步远；劣马连走十天，它的成功在于不停止。如果刻几下就停下来了，那么腐朽的木头也刻不断。如果不停地刻下去，那么金石也能雕刻成功。蚯蚓没有锐利的爪子和牙齿、强健的筋骨，却能向上吃到泥土，向下喝到地下的泉水，这是由于它用心专一。螃蟹有六条腿、两个蟹钳，但是没有蛇、鳝的洞穴它就无处藏身，这是因为它用心浮躁。

《荀子·劝学》

参考译文

第一课　守株待兔

宋国有（一个）种地的人，田地里有（一个）树桩子，（一只）兔子跑着跑着撞到了树桩上，折断脖子而死。于是（这个人）不再种地，就（专门）守着树桩，希望（能）再一次得到兔子。不可能再得到兔子了，可自己（却）被宋国人耻笑。现在想要用以前的国王的政策治理当代的百姓，都（属于）守株待兔一类的情况。

第二课　苛政猛于虎也

孔子路过泰山旁边，有个妇人在坟墓旁边哭得很伤心。孔子扶着车前的栏杆听着，派子路去问她（为什么哭）。子路说："你这样哭，真好像不止一次遭遇到不幸了。"妇人说："是啊！以前我公公死于这个原因（被老虎咬死），我丈夫也死在老虎口中，现在我儿子又被老虎咬死了。"夫子问："为什么不离开这个地方呢？"妇人回答说："（这个地方）没有残暴的统治。"夫子说："子路你要记住，残暴的政令比老虎还要凶猛！"

第三课　郑人买履

郑国有一个想要买鞋子的人，他先量好自己的脚，然后把量好的尺码放在座位上。（他）等到了市场才发现忘记带尺码了。已经找到合适的鞋子，便说："我忘记带（量好的）尺码了。"于是他回家去取尺码。等到回来的时候，市场已经散了，于是没有买到鞋子。有人说："为什么不用脚试呢？"他说："宁可相信尺码，也不相信自己的脚。"

197

第四课　铁杵成针

　　李白少年的时候（去）读书，没有完成学业，放弃（学习）而离开了（学校）。在路上，（他）碰见一个老太太正在磨棒槌，李白问她为什么（这么做）。老太太说："想要磨成一根针。"李白嘲笑她笨。老太太说："功夫到了，自然就可以成功了。"李白被她的话感动了，于是回去读书，完成学业，最终成为一个著名的诗人。

第五课　自相矛盾

　　楚国有一个卖盾和矛的人，称赞他的盾说："我的盾（很）坚固。没有什么东西能够刺穿（它）。"又称赞他的矛说："我的矛（很）锐利，没有什么东西不能被刺穿。"有人说："用您的矛，来刺您的盾，（将会）怎么样呢？"那个人不能回答。不能被刺穿的盾和（什么）都能刺穿的矛，不可能在同一个世界上存在。

第六课　远水不救近火

　　鲁穆公让他的儿子们有的在晋国做官，有的在楚国做官。犁钮说："从越国借人来（在鲁国）救落水的孩子，越国人虽然擅长游泳，孩子一定救不活了。发生火灾后却去大海中取水，海水虽然很多，定不能灭火，（因为）远方的海水不能扑灭附近的火灾。现在晋国和楚国虽然强大，但齐国离鲁国很近，（如果鲁国与齐国发生战争），恐怕他们救不了鲁国吧！"

第七课　曾子之妻之市

　　曾子的妻子（将要）到集市上去，她的孩子跟着她哭泣，他的母亲（曾子的妻子）说："你回去，（我）回来后给你杀猪。"妻子刚从集市上回来，曾子便要抓住一头猪杀了它，妻子阻止他说："刚才只不过是跟小孩子开玩笑罢了。"曾子说:"小孩子是不能跟他开玩笑的。小孩子是不懂事的,是依靠父母而学习的,听父母的教育,现在你欺骗他,是在教孩子骗人。母亲欺骗孩子,孩子就不相信他的母亲,这不是成功的教育(孩子)的方法。"于是就把猪煮了。

第八课　拔杨容易栽杨难

陈轸被魏王器重。惠子对陈轸说:"您一定要好好地对待(魏王)身边的人。杨树啊,横着种它就活了,倒着种它也活了,折断了种它还是活了。然而让十个人种树,然后让一个人拔树,那就没有能活着的杨树了。用十个人那么多的力量,去种容易存活的东西,却不能胜过一个人的力量,原因是什么呢?是因为种树难而拔树容易啊!您虽然善于在魏王面前树立自己的威信,可是想要除掉您的人也很多。您一定会有危险了。"

第九课　画蛇添足

楚国有个祭祀的人,赏赐给他的门客们一杯酒。门客们互相商量说:"几个人喝这杯酒不太够,一个人喝又有富余。建议(我们)在地上画一条蛇,先画完的人喝这杯酒。"一个人先画完了蛇,把酒拿过来就要喝,于是(他)左手拿着酒杯,右手画蛇,说:"我还能给它画上脚。"他还没有画完,(另外)一个人的蛇已经画好了,这个人抢过他的酒杯说:"蛇本来就没有脚,您怎么能给它画上脚呢?"于是就喝了那杯酒。给蛇画脚的人,最终失去了那杯酒。

第十课　教学相长

即使有美味的食物,不吃也就不知道它味美;即使有至高的学问,不学(就)不知道它完美。因此学习之后(才)知道(自己哪里)不足;教学以后才知道(自己哪里)有困惑。知道(自己哪里)有不足,这样以后才能反省自己。知道(自己哪里)有困惑,这样以后才能勉励自己。所以说:"教与学互相促进提高。"

第十一课　塞翁失马

在边塞附近有个善于算卦的人，（他的）马无缘无故地丢失了，跑到胡人那里去了。人们都来慰问他。那个老人说："这怎么就不是一种福气呢？"过了几个月，他的马带领着胡人的好马（一起）回来了。人们都来道贺。那个老人说："这怎么就不是一种灾祸呢？"他的家中有很多好马，他的儿子喜欢骑马，（从马上）摔下来摔断了大腿。人们都来慰问他。塞翁说："这怎么就不是一件好事呢？"过了一年，胡人大举入侵边塞，成年男子都拿起武器去打仗。边塞地区的人，十之八九都死了。唯独那个儿子因为跛脚的缘故，父亲的儿子互相（得以）保全。

第十二课　兵者，诡道也

用兵，是欺诈的行为。所以，能打，却装作不能打；用兵，却又装作不用兵；要向近处，装作向远处；要向远处，装作要向近处。给小利来诱惑敌人，造成敌人的混乱来攻取它。敌人实力充实就要防备它，敌人强大就要避它。激怒敌人来阻挠它，用自卑的言辞来使敌人骄傲。敌人安闲就要使它疲惫，敌人之间亲密就要设法离间他们。攻打敌人没有准备的地方，行动要出于敌人的意料之外。这是军事指挥上的奥妙，是不可事先规定的。

第十三课　《论语》五则

孔子说：学习之后按时复习，不也很高兴吗？有朋友从远方来，不也很快乐吗？别人不了解自己也不生气，不也是道德高尚的人吗？

孔子说："温习旧的知识就能有新的体会与发现，（这样的人）可以做老师了。"

孔子说："仲由呀，教给你的东西都明白了吗？知道就是知道，不知道就是不知道，这就是智慧。"

子贡问："孔文子凭什么（死后）叫作'文'呢？"孔子说："聪敏而

且喜欢学习，不认为向不如自己的人请教是羞耻，因此称他为'文'。"

孔子说："几个人一起走，其中一定有可以做我老师的人。选择他们的优点加以学习，（将）他们的缺点作为借鉴，借以改正自己身上与他们相同的缺点。"

第十四课　爱莲说

水中和陆上的花草树木，值得喜欢的有很多。东晋的陶渊明只喜欢菊花。自唐代以来，世上的人非常喜欢牡丹。我唯独喜爱莲花从污泥中生长出来，却没有被污染，经过清清水波的洗涤，显得洁净而不妖艳。它的茎里面贯通，外面笔直，不牵丝攀藤，也没有长出枝杈，它的香气（传得）越远越清香，直直地、洁净地挺立在水中，可以远看，却不可以走近去随意玩弄。

我认为菊花，是百花中的隐士；牡丹是花中的富贵人；莲花是花中的君子。唉！喜爱菊花（的人），在陶渊明以后，很少听到了。喜爱莲花（的人），和我相同的有谁呢？喜爱牡丹（的人），当然就很多了！

第十五课　《劝学》节选

君子说：学习是不能停止的。靛青，是从蓝草里提取的，但是却比蓝草更蓝；冰，是由水凝结而成的，却比水更冷。木头直得合乎墨线的要求，用火烤使它变弯当作车轮，它的弯度合乎圆规（的要求），即使经过风吹日晒也不会变直了，是因为经过弯曲加工而使它成为这个样子。所以木头被墨线量过就能取直，刀剑在磨刀石上磨过就很锋利。君子广泛学习知识而且每日多次进行自我检查，就会头脑聪明而行为不会有过错了。

我曾经整天地思考，不如片刻学习的收获大。我曾经踮起脚来远望，却不如登到高处眼界开阔。站在高处向人招手，手臂并没有加长，远处的人却可以看见；顺着风势呼喊，声音并没有加大，听的人却可以听得很清楚。驾车的人，不是自己跑得快，却能到达千里之外；乘坐舟船的人，并不是自己会游泳，却能横渡江河。君子并不是生来就与别人不同，只不过是他善于借助和利用外物罢了。

参考答案

第一课

一、根据课文内容回答下列问题

1. 宋人在耕地时遇到了一只兔子不小心撞到树桩上，折断脖子死了。

2. 宋人从此放下了手中的农具不再耕作，天天等着有兔子再撞死在树桩上。

3. 宋人不但没有得到兔子，而且还被宋国的人嘲笑。

4. 这个故事讽刺了那些只凭经验办事、墨守成规、不知变通的人，也讽刺了不劳而获、坐享其成的人。

5. 在治理国家上不能墨守成规、因循守旧，应该因时而异、因势而异，才能够有所成就。

二、解释下列句子中加下划线的词的意义

1. 株：树桩。

2. 释：放下；冀：希望。

3. 身：自己。

4. 欲：想；治：治理。

5. 之类：这一类。

三、解释下列句子中加下划线的词的用法和意义

1. 者：代词，……的人。

2. 其：代词，代指宋人的。

   而：连词，于是、然后、就，表顺接。

3. 而：连词，但是、可是、但，表转折。

为：介词，被，表被动。

4. 以：介词，用。

之：助词，的。

5. 皆：副词，都、全。

也：语气助词，表示判断语气。

四、把下列句子翻译成现代汉语

1. 宋国有（一个）种地的人，田地里有（一个）树桩子，（一只）兔子跑着跑着撞到了树桩上，折断脖子而死。

2. 于是（这个人）不再种地，就（专门）守着树桩，希望（能）再一次得到兔子。

3. 不可能再得到兔子了，可自己（却）被宋国人耻笑。

4. 现在想要用以前的国王的政策治理当代的百姓，都（属于）守株待兔一类的情况。

五、关于"而"的练习

（一）尝试解释下列含有"而"的词语中的"而"的意义并将其中"而"的用法归类。

A：连词，表顺接，于是、然后、就。乐而忘忧、三思而后行、三十而立、不辞而别、量力而行。

B：连词，表转折，可是、但是、可。肥而不腻、富而不骄、视而不见、华而不实、忙而不乱。

（二）根据下面句子的意思，把"而"放在合适的位置上。

1. 望而却步 2. 闻风而逃 3. 相机而行

4. 言而无信 5. 知难而进 6. 择善而从

六、关于"为……"或"为……所……"的练习

（一）用"为……"或"为……所……"格式改写下列句子。

1. 他的头发为风所乱。

2. 他为竞争对手所败。

3. 他为金钱、美女所惑走上了犯罪的道路。

4. 他成了为世人所唾骂的大坏蛋。

5. 他为敌人所擒。

（二）尝试解释以下含有"为……所……"结构的短语并造句。

1. 为情所困：被感情困扰。

2. 为金钱所累：被金钱拖累。

3. 为生计所迫：被生计逼迫。

4. 为敌所擒：被敌人捉拿。

5. 为名利所诱：被名利引诱。

6. 为情势所逼：被情势逼迫。

（造句略）

七、古语今用

（一）"因释其耒而守株，冀复得兔"中"释"的意思是放下、放弃。根据这一义项解释下列句子中含有"释"的词语。

1. 爱不释手：因喜爱而舍不得放下。

2. 如释重负：好像放下了一副担子，形容紧张心情过后的轻松愉快。

3. 释怀：（爱憎、悲喜、思念等感情）在心中消除（多用于否定）。

4. 冰释前嫌：比喻人与人之间的矛盾被解除。

（二）"宋人有耕者，田中有株，兔走触株，折颈而死"中"走"的意思是跑。解释下列句子中含有"走"的词语，并解释词语中"走"的意思。

1. 走马观花：骑在奔跑的马上看花，比喻粗略地观察事物。

2. 走投无路：无路可走，比喻处境极端困难，找不到出路。

3. 奔走相告：形容人们听到或者看到特别使人振奋或担心的事儿，迅速地互相转告。

4. 走马上任：旧指官吏到任，现比喻接任某项工作。

（三）"今欲以先王之政，治当世之民，皆守株之类也"中"皆"的意思是都。根据这一义项解释下列含有"皆"的词语。

1. 皆大欢喜：<u>每个人都很高兴。</u>
2. 妇孺皆知：<u>每个人都知道。</u>
3. 比比皆是：<u>到处都是，形容极其常见。</u>
4. 有口皆碑：<u>人人称赞，广受好评。</u>

拓展练习

略

第二课

一、根据课文内容回答下列问题

1. 孔子遇到了一位妇人在坟墓旁哭得很伤心。
2. 妇人的公公、丈夫、儿子全都被老虎咬死了。
3. 因为这个地方没有暴政。
4. 残酷剥削人民的统治比吃人的老虎更可怕。

二、解释下列句子中加下划线的词的意义

1. 哀：悲哀。
2. 式：通"轼"，名词用作动词，手扶着栏杆。
3. 壹：的确，实在。
4. 昔者：以前，从前；舅：这里指公公，即丈夫的父亲。
5. 何为：为何，为什么；去：离开。
6. 识：通"志"，记住；苛政：残暴的统治。

三、解释下列加下划线的词的用法和意义

1. 于：介词，带入哭的地方。
2. 而：连词，状中之间，指听的方式；之：代词，代指妇人。
3. 之：结构助词，主谓之间，无实意。
4. 于：介词，动作发生的方式；焉：兼词，于之，于是。

5. 也：语气词，相当于"呢"。

6. 于：介词，引入比较对象；也：语气词，表示判断语气。

四、把下列句子翻译成现代汉语

1. 孔子路过泰山旁边，有个妇人在坟墓旁边哭得很伤心。

2. 孔子扶着车前的栏杆听着，派子路去问她（为什么哭）。

3. 你这样哭，真好像不止一次遭遇到不幸了。

4. 是啊！以前我公公死在老虎口中，我丈夫也死于这个原因（被老虎咬死），现在我儿子又被老虎咬死了。

5. 为什么不离开这个地方呢？

6. 子路你要记住，残暴的政令比老虎还要凶猛！

五、关于"于"的练习

（一）用表示比较的介词"于"改写下列句子。

1. 这个商店的东西贵于别的商店。

2. 今年的留学生数量多于去年。

3. 他的月薪高于我的月薪。

4. 深圳今年夏天的平均气温高于去年。

5. 今年深圳大学的录取分数线高于去年。

6. 今年国家经济的增速低于去年。

（二）从下列的四个选项中给下面的句子选出其中的介词"于"的用法。

1. B　2. D　3. B　4. C　5. B　6. D　7. A　8. C　9. D　10. A

六、关于"者"的练习

（一）用"者"改写下列短语。

1. 示威者　2. 受访者　3. 后者　4. 环保者　5. 得利者

6. 侵略者　7. 批评者　8. 决策者　9. 记者　10. 长者

（二）尝试解释下列句子中"者"字短语的意思。

1. 近朱者：接近红色的人；近墨者：接近黑色的人。

2. 说者：说话的人；听者：听话的人。

3. 来者：来的人；善者：善良的人。

3. 当局者：参与的人；旁观者：旁观的人。

4. 会者：会的人；难者：觉得难的人。

5. 仁者：仁爱的人；智者：智慧的人。

七、古语今用

1. "然，昔者吾舅死于虎，吾夫又死焉，今吾子又死焉"句中"然"的意思为<u>对、正确</u>。"知其然，不知其所以然"中"然"的意思为<u>这样</u>。

（1）不尽然：<u>不完全是这样</u>。然：<u>这样</u>。

（2）理所当然：<u>按道理当然是这个样子</u>。然：<u>这样</u>。

（3）其实不然：<u>其实不是这样</u>。然：<u>这样</u>。

（4）不以为然：<u>不认为是正确的</u>。然：<u>正确、对</u>。

（5）茫然：<u>完全不知道的样子</u>。然：<u>……的样子</u>。

2. "小子识之！苛政猛于虎也"中"知"的读音为<u>zhì</u>，它的意思是<u>通"志"，记住</u>。请解释下列各句中画线词语的意思并注音。

（1）素不相识：<u>向来不认识的人。   sù bù xiāng shí</u>

（2）远见卓识：<u>远大的眼光，高明的见解。   yuǎn jiàn zhuó shí</u>

（3）博闻强识：<u>见闻广博，记忆力强。   bó wén qiáng zhì</u>

拓展练习

象形：<u>木 鱼 瓜 舟 川 山 鬼 回</u>

指事：<u>本 末 亦</u>

会意：<u>尽 利 家 射 雀 及 北</u>

形声：<u>病 搞 固 泻 墙 湖</u>

第三课

一、根据课文内容回答下列问题

1. 他在家里先用尺码量了自己的脚。

2. 因为他发现忘记带尺码了。

3. 他从市场返回家去拿尺码。

4. 他返回市场的时候没有买到鞋子，因为集市已经散了。

5. 旁边的人问他为什么不用自己的脚去试鞋子呢。

6. 他宁可相信尺码也不相信自己的脚。

7. 这个故事讽刺了那些做事不懂变通、因循守旧的人。

二、解释下列句子中加下划线的词的意义

1. 且：将要；置：买。

2. 度：量；置：放，搁；坐：座位。

3. 之：去；操：拿，持。

4. 度：尺码；反：返回。

5. 及：等到；罢：结束。

6. 何不：为什么不？

7. 宁……无：宁可……也不……

三、解释下列句子中加下划线的词的用法和意义

1. 者：代词，……的人。

2. 其：代词，代指郑人；而：连词，然后，就；之：代词，代指尺码。

3. 而：连词，表转折，相当于但是、却、可是；之：代词，代指尺码。

4. 之：代词，代指尺码。

5. 遂：副词，就，于是。

6. 以：介词，用，拿。

7. 也：语气词，肯定的判断。

四、把下列句子翻译成现代汉语

1. 郑国有个想要买鞋子的人。

2. 他先量好自己的脚，然后把量好的尺码放在了座位上。

3. （他）等到了市场才发现忘记带尺码了。

4. 我忘记带（量好的）尺码了。于是回家去取尺码。

5. 等到回来的时候，市场已经散了，于是没有买到鞋子。

6. 为什么不用脚去试呢？

7. 宁可相信尺码，也不相信自己的脚。

五、关于"其"的练习

（一）根据下面词语的意思，把"其"放在合适的位置上。

1. 徒有其名　　2. 投其所好

3. 乐在其中　　4. 莫名其妙

5. 若无其事　　6. 适得其反

（二）指出下列句子中画线词语中的"其"在句子中代指什么。

1. 他的相貌。

2. 双方的伤亡数量。

3. 山水的环境里。

4. 公司的员工的才能。

5. 目中无人的后果。

6. 孩子的爱好。

六、关于介宾词组的练习

（一）根据提示，用"于"改写下列句子。

1. 深圳经济特区成立于 1989 年的春天。

2. 这本书购于深圳书城。

3. 这个发明适用于行动不便的老人。

4. 他曾求教于这位知名的画家。

5. 他整天沉迷于网络的世界里。

（二）根据下面句子的意思和提示，把介词"以"放在合适的位置。

1. 以貌取人　　2. 以次充好

3. 以礼相待　　4. 绳之以法

5. 以弱胜强　　6. 动之以情

7. 以一当十　　8. 晓之以理

七、古语今用

1. "郑人有且置履者，先自度其足，而置之其坐"中"度"的拼音duó，作动词的"度"由"量"的意义引伸出来的意义有"推测""估计""衡量"。请解释下列句子中画线词语的意思，并指出其中"度"的发音和意义。

（1）审时度势：研究时机，估量形势。　　duó。推测。

（2）揣度：推测、估计。　　duó。推测，估计。

（3）置之度外：放在考虑之外。　　dù。打算，计较。

2. "至之市而忘操之"中"操"的意思是"拿"。由"拿""持"的意义引申出来的意义有"控制""掌握""从事""用某种语言或方言讲话"。请解释下列词语的"操"的属于上述哪种意义。

（1）操刀：拿。

（2）操纵：控制。

（3）操持：从事。

（4）操之过急：从事，做。

（5）稳操胜券：掌握。

（6）操心：耗费（心力）。

（7）操北京口音：用某种语言或方言讲话。

3. 写出"郑人有且置①履者，先自度其足，而置②之其坐"中两个"置"的不同意思。

置：①买；
　　②放。

（1）添置：在原有的以外再购置。（1）

（2）设置：设立，装置。（2）

（3）难以置信：难以使人相信。（2）

（4）置办：采买，购置。（1）

（5）置之度外：放在考虑之外。（2）

（6）置之不理：放在一边不理睬。（2）

拓展练习

1. "河"，在古代是专有名词，指黄河，而现在扩大为用于泛指的通名了。

2．"好"原来专指女子相貌好看，不涉及品德，而现在的"好"可泛指一切美好的性质，对人、事、物都可以修饰限制，属于词义的扩大。

3．"金"，原来泛指一切金属，而在现代汉语中专指黄金，属于词义的缩小。

4．"丈夫"是指成年男子，"生丈夫，二壶酒，一犬"（《国语·越语》）中的"丈夫"则是指男孩。在古代，不管是成年的还是未成年的，是已婚的还是未婚的男人，均可称丈夫；但在现代汉语中，"丈夫"一般仅指已婚女子的配偶，属于词义的缩小。

5．"行李"在古文中既可以指出使的人，也可以指出门所带的包裹箱子等，在该句中就是指出使的人，而在现代汉语中仅仅指出门所带的东西，属于词义的缩小。

6．"饿"古义是指严重的饥饿，已达到受死亡威胁的程度，而现代汉语中"饿"是指一般的肚子饿，属于词义的弱化。

7．"走"，古义是"跑，逃跑"，今天是"一步步地走"的意思，属于词义的转移。

8．古义指原野，而在现代则指中原地区，属于词义的转移。

9．"烈士"，本指有操守有抱负的男子，现在则专指为革命事业献身的人，属于词义的转移。

10．"牺牲"，古义指祭祀用作祭品的猪牛羊等，是名词，今义转移为为了某种目的而舍去自己的生命或权利，是动词，属于词义的转移。

11．古文中"谤"是"批评议论"之义，而今天的"谤"却是"恶意中伤"之意，已由中性词转变为贬义词，属于词义感情色彩的变化。

12．"卑"是指地位低下，"鄙"是指知识浅陋，并没有贬义，现在的"卑鄙"则指品质恶劣，已变为贬义词，属于词义感情色彩的变化。

第四课

一、根据课文内容回答下列问题

1．李白在路上遇到了一位老奶奶在磨棒槌。

2．老奶奶想要把棒槌磨成一根针。

3. 李白嘲笑老奶奶笨。

4. 因为老奶奶相信功到自然成。

5. 李白被老奶奶的话感动了，于是回到学校用心读书，最终成为一位有名的诗人。

二、解释下列句子中加下划线的词的意义

1. 少：名词作状语，年少。2. 道：名词作状语，在路上。3. 拙：笨。

4. 成：成功。5. 感：被……感动。6. 卒：完成，结束。

三、解释下列句子中加下划线的词的用法和意义

1. 未：副词，没有。

2. 其：代词，她，指老奶奶。

3. 其：代词，她，指老奶奶。

4. 耳：语气助词，表示肯定。

5. 遂：连词，于是，就。

四、把下列句子翻译成现代汉语

1. 李白少年的时候（去）读书，没有完成学业，放弃（学习）而离开了（学校）。

2. 在路上，（他）碰见一个老太太正在磨棒槌，李白问她为什么（这么做）。

3. 李白嘲笑她笨。

4. 老太太说："功夫到了，自然就可以成功了。"

5. 李白被她的话感动了。

6. 于是回去读书，完成学业，最终成为一个有名的诗人。

五、尝试把下列句子中的"耳"的用法归类

1. A　2. B　3. A　4. B　5. A　6. B

六、指出下列词语中用作状语的名词，并把属于同一类名词作状语的用法的成语归类并说明其用法

1. 表示动作行为的状态，常常可以翻译成"像……一样"。

龙飞凤舞　狼吞虎咽　席卷全球　瓜分天下

2. 表示实施动作使用的工具，常常要加上"用、以"等介词。

拳打脚踢　车载斗量

3. 表示动作或行为发生的处所时间，可译为"在……"例如：

道听途说　昼伏夜出　风餐露宿　朝发夕至

4. 方位名词作状语，表示动作发生的方向。可译为"向……"

东张西望　左顾右盼

5. 时间名词"日""月""岁"等作状语，表示动作的频繁、连续、不间断。

世风日下　日新月异

七、关于被动句的练习

（一）找出下列词语中被动义的表示方法，并解释词义。

1. 为……所；人品或行为卑劣被人所不屑。

2. 无标志被动句；只要坚持不停地刻，金属石头也可以被雕刻成功。

3. 无标志被动句；水经常滴在石头上，能使石头穿孔。

4. 为；批判地继承文化遗产，使之为今天所用。

5. 无标志被动句；美玉和石头都被烧坏。

6. 为；很少被人知道。

7. 为；指人的诚心所到，能感动天地，使金石为之开裂。

8. 于；被别人控制。

9. 见；被见识广博或有专长的人笑话。

10. 见；诚信而被怀疑。

（二）根据下列句子中被动义的提示，试着翻译句子。

1. 吴广向来爱护士卒，士兵们有许多愿意替他效力的人。

2. 诚信而被怀疑，忠诚而被毁谤，能没有怨恨吗？

3. 蔓延开来的野草还不能铲除干净，何况是您受宠爱的弟弟呢？

4. 英雄的业绩，都被雨打风吹而去。

5. 秦国的城邑恐怕不可能得到，白白地受到欺骗。

6. 现在如果不赶快去，恐怕被曹操抢了先。

7. 归顺曹操的荆州民众，是被曹操强大的兵力所逼（不是心甘情愿的）。

8. 不然的话，你们都将被他所俘虏。

9. 我常常被博学多才的人嘲笑。

10. 自己却死于他人之手，成为被天下耻笑的人，这是为什么呢？

八、古语今用

"老妇曰：'功到自成耳。'"中的"曰"的意思为：说，在古代汉语中有此意的词还有云、道、言、语、谈等。尝试解释下列句子中加下划线的词的意思。

（1）说三道四：形容不负责任地胡乱议论。

（2）娓娓道来：连续不断地说、生动地谈论。

（3）人云亦云：人家怎么说，自己也跟着怎么说。

（4）能言善辩：很会说话，善于辩论。

（5）侃侃而谈：指人理直气壮、从容不迫地说话。

（6）花言巧语：指用来骗人的虚伪动听的话。

（7）千言万语：形容说的话很多。

拓展练习

略

第五课

一、根据课文内容回答下列问题

1. 楚国人说他的矛最锋利，没有他的矛刺不破的东西。

2. 楚国人说他的盾最坚固，没有什么东西可以刺破他的盾。

3. 旁边的人问他如果拿他的矛刺他的盾会怎么样。

4. 因为他说的话前后不一，难以自圆其说。

5. 这个故事讽刺了那些说话前后不一、自相矛盾的人。

二、解释下列句子中加下划线的词的意义

1. 鬻：卖；誉：夸赞。2. 坚：牢固；陷：刺破。3. 利：锋利。

4. 何如：怎么样? 5. 应：回答。6. 同世：同一时间；立：存在。

三、解释下列句子中加下划线的词的用法和意义

1. 之：代词，代指他的盾。

2. 之：助词，主谓之间，取消句子独立性；也：助词，用在句末，表
肯定的判断。

3. 于：介词，对于。

4. 以：介词，相当于"用"。

5. 其：代词，代指卖矛和盾的人。

6. 而：连词，状中之间，相当于现代汉语的"地"。

四、把下列句子翻译成现代汉语

1. 楚国有一个卖盾和矛的人，称赞他的盾说：……

2. 我的盾（很）坚固，没有什么东西能够刺穿（它）。

3. 我的矛（很）锐利，没有什么东西不能被刺穿。

4. 用您的矛，来刺您的盾，（将会）怎么样呢?

5. 那个人不能回答。

6. 不能被刺穿的盾和（什么）都能刺穿的矛，不可能在同一个世界上
存在。

五、用"之"改写下面带有"的"的短语

1. 创新之城 2. 改革开放之初

3. 南海之滨 4. 礼仪之邦

5. 春夏之交 6. 华夏文明之源

7. 过人之处 8. 将死之人

9. 十分之三 10. 世界之巅

六、根据下列句子的意思，把"之"放在合适的位置上

1. 置之度外　2. 无价之宝

3. 求之不得　4. 井底之蛙

5. 肺腑之言　6. 总而言之

7. 置之不理　8. 当之无愧

七、尝试翻译下列句子并说明"之"的用法

1. 追求美的心，每个人都有。

之①：助词，相当于的。之②：代词，代指爱美的心。

2. 知道就是知道，不知道就是不知道，这才是智慧。

之①②：代词，代指学习的知识。

3. 人在最初，本性是善良的。

之：助词，主谓之间，取消句子的独立性。

4. 不要认为坏事很小就去做，不要认为好事很小就不去做。

之：代词，代指坏事。

5. 明知做不到却还要去做。

之：代词，代指做不到的事。

八、写出下列词语中的"而"用法属于哪一类

席地而坐（C）　　知难而退（A）　　满载而归（A）

择善而从（A）　　无为而治（C）　　不约而同（B）

竭泽而渔（C）　　知难而进（B）

九、古语今用

1. 写出"吾盾之坚，物莫能陷也"中"陷"的意思是刺破。现代汉语中的"陷"有陷阱、掉进、陷害、被攻破、缺点等义。尝试解释下列句子中含有"陷"的词语。

（1）陷入：比喻深深地进入（某种境界或思想活动）。

（2）越陷越深：沉迷一件不好的事情而无法自拔。

（3）攻陷：攻克，占领。

（4）冲锋陷阵：向敌人冲击，陷入敌阵。

（5）缺陷：<u>欠缺或不够完备的地方。</u>

（6）陷进：<u>深深地进入。</u>

2. 在句子"夫不可陷之盾与无不陷之矛，不可同世而<u>立</u>"中"立"的意思是<u>存在</u>。解释下列句子中含有"立"的词语。

（1）坐立不安：<u>坐着也不是，站着也不是。形容心情紧张，情绪不安。</u>

（2）而立之年：<u>人到三十岁可以自立的年龄，后作为三十岁的代称。</u>

（3）当机立断：<u>比喻事情到了紧要关头，就毫不犹豫地做出决断。</u>

（4）立竿见影：<u>把竹竿立在太阳光下立刻就看到影子。比喻收效迅速。</u>

（5）成家立业：<u>指结了婚，有了家业或建立了某项事业。</u>

拓展练习

1. 水。名词用作动词，游泳。

2. 人。名词作状语，像人一样。

3. 远。形容词用作动词，疏远

4. 友、子。名词的意动用法，以风为友，以雨为子。

5. 北。名词作状语，向北。

6. 富。形容词的使动用法，使……富。

第六课

一、根据课文内容回答下列问题

1. 派他的儿子们分别去晋国、楚国做官。

2. 从越国借人来救落水的孩子；从海中取水来灭火。

3. 发生紧急情况时，舍近求远的方法是解决不了问题的，做事情得分清楚轻重缓急。

二、解释下列句子中加下划线的词的意义

1. 或：有的；宦：做官。

2. 假：借；溺子：落水的孩子。

3. 善：擅长。

4. 于：从。

5. 近：靠近、接近；患：担心、忧虑。

三、解释下列句子中加下划线的词语的用法和意义

1. 使：动词，让、派遣；于：介词，在。

2. 于：介词，从；而：连词，来，表示目的。

3. 虽：连词，虽然；矣：句末语气词，相当于现代汉语的"了"。

4. 而：连词，却，表示转折。

5. 而：连词，但是，表示转折；其：代词，代指晋楚两国；乎：语气词，表示猜测，吧。

四、把下列句子翻译成现代汉语

1. 鲁穆公让他的儿子们有的在晋国做官，有的在楚国做官。

2. 从越国借人来救（在鲁国）落水的孩子，越国人虽然擅长游泳，孩子一定救不活了。

3. 发生火灾后却去大海中取水，海水虽然很多，定不能灭火，（因为）远方的海水不能扑灭附近的火灾。

4. 现在晋国和楚国虽然强大，但齐国离鲁国很近，（如果鲁国与齐国发生战争，）恐怕他们救不了鲁国吧！

五、关于"乎"的练习

（一）根据下列句子的意思，将"乎"放在合适的位置上：

1. 出乎意料　2. 微乎其微　3. 不亦乐乎　4. 忘乎所以

5. 异乎寻常　6. 发乎情，止乎礼　7. 神乎其技　8. 存乎一心

（二）根据句意，用以上词语填空：

1. 异乎寻常　2. 出乎意料　忘乎所以

3. 微乎其微　4. 不亦乐乎　5. 存乎一心

6. 神乎其技　7. 发乎情，止乎礼

六、古语今用

1. "假人于越而救溺子"中"假"的意思是<u>借</u>。根据这一义项解释下列句子中含有"假"的词语。

（1）不假他人之手：<u>不借用其他人的帮助</u>。

（2）假联合国之名义：<u>假装利用联合国的名义</u>。

（3）假公济私：<u>借着公家的权力获取私利</u>。

（4）假借：<u>假装利用、借用</u>。

2. "越人虽善游，子必不生矣"中"善"的意思是<u>擅长</u>。根据这一义项解释下列句子中含有"善"的词语。

（1）能言善辩：<u>能说会道，有辩论才能</u>。

（2）善制剑：<u>擅长铸造宝剑</u>。

（3）知人善任：<u>了解别人的才能，善于任用</u>。

（4）善解人意：<u>擅于理解别人的心意</u>。

3. "今晋与荆虽强，而齐近鲁，患其不救乎"中"患"的意思是<u>担忧</u>。根据这一义项解释下列句子中含有"患"的词语。

（1）大丈夫何患无妻：<u>好男人怎么会担心找不到妻子呢</u>。

（2）患得患失：<u>忧心得到或失去</u>。

（3）不患寡而患不均：<u>不担心（大家都）少，而担心分配不平均</u>。

拓展练习

1. 矣：表示陈述，了。

2. 邪：表示反问，呢。

3. 也：表示判断，啊。

4. 焉：表示肯定，啊。

5. 乎：表示疑问，吗。

6. 兮：表示感叹，啊。

7. 者：表示停顿语气。

8. 夫：发语词，引发议论。

9. 盖：表示猜测，大概、可能是。

10. 惟：表示期望、希望。

第七课

一、根据课文内容回答下列问题

1. 他想跟母亲一起去集市。

2. 如果你不跟我去，我回来就给你杀猪吃肉。

3. 她说自己只是跟儿子开玩笑而已。

4. 父母是孩子的榜样，在孩子面前父母必须言而有信，言出必行。

5. 是的。

二、解释下列句子中加下划线的词的意义

1. 市：集市、市场；随：跟随、跟着；泣：哭。

2. 还：回去；顾反：（我）回来；彘：猪。

3. 来：回来；欲：想要。

4. 特：只是、只不过；婴儿：小孩子。

5. 与戏：和（他）开玩笑；待：依靠、依赖。

6. 子：你；子：孩子。

7. 成教：成功的教育。

8. 烹：煮。

三、解释下列句子中加下划线的词的用法和意义

1. 之：助词，相当于现代汉语的"的"；之：动词，到、去；其：代词，代指她的；之：代词，代指曾子的妻子。

2. 女：代词，通"汝"，你；女：代词，通"汝"，你。

3. 适：副词，刚刚；之：代词，代指猪。

4. 耳：句末语气词，而已、罢了。

5. 非：副词，不，没；者也：语气词连用，表示肯定。

6. 之：代词，代指儿子；是：代词，这样。

7. 所以：所为指示代词，与介词"……以"连用，这样（成功教育）的原因、方法。

8. 遂：连词，于是就。

四、把下列句子翻译成现代汉语

1. 曾子的妻子（将要）到集市上去，她的孩子跟着她哭泣。

2. 你回去，（我）回来后给你杀猪。

3. 妻子刚从集市上回来，曾子便要抓住一头猪杀了它。

4. 只不过是跟小孩子开玩笑罢了。

5. 小孩子是不能跟他开玩笑的，小孩子是不懂事的，是依靠父母而学习的。

6. 现在你欺骗他，是在教孩子骗人。

7. 这不是成功的教育（孩子）的方法。

8. 于是就把猪煮了。

五、关于"是"的练习

（一）解释下列含有"是"的短语或短句，注意"是"的用法。

1. 像这样。

2. 这一天温度合适舒服。

3. 先生所说的话非常对。

4. 对或者错、成功或者失败，都是一转头就消散了。

5. （如果）这样可以忍受，还有什么是不能忍受的呢？

（二）根据下列句子的意思，将"是"放在词语中合适的位置上。

1. 自以为是　2. 口是心非　3. 一无是处

4. 唯利是图　5. 似是而非　6. 实事求是

六、关于"之"的练习

1. 之：宾语前置的标记。

2. 之：表示所属关系，的。

3. 之：结构助词，取消句子独立性。

4. 之：代词，指伯牙。

5. 之：结构助词，取消句子独立性。

6. 之：表示所属关系，的。

7. 之：代词，指贤人。

8. 之：表示所属关系，的。

9. 之：表示所属关系，的。

10. 之：宾语前置的标记。

七、关于"所"的练习

1. 所：与动词"爱"组成"所爱"，喜爱的（东西）。

2. 所：名词，处所、地方。

3. 所：与动词"存"组成"所存"，存在的（地方）。

4. 所：副词，大概、左右。

5. 所：表被动。

八、古语今用

1. "其母曰：'女还，顾反为女杀彘。'"一句中"反"的意思是回来，同现代汉语中的返。根据这一义项解释下列句子中含有"反"的词语，注意其中"反"的意思。

（1）出尔反尔：原意是你怎样做，就会得到怎样的后果。现指人的言行反复无常，前后自相矛盾。

（2）反败为胜：扭转败局，变为胜利。

（3）易如反掌：指像翻一下手掌那样容易，比喻事情很简单非常容易完成。

（4）辗转反侧：形容心里有所思念或心事重重。

（5）拨乱反正：消除混乱局面，恢复正常秩序。

2. "婴儿非与戏也，婴儿非有知也，待父母而学者也"中"待"的意思是依靠、依赖。现代汉语中已不再使用此义项，常用意义为"等待"，根据这一义项解释下列句子中含有"待"的词语。

（1）嗷嗷待哺：嗷嗷叫着等着（母亲）喂奶。

（2）待嫁闺中：在闺房里等待出嫁。

（3）严阵以待：摆好严整的阵势等待着要来犯的敌人，形容做好完全的准备工作。

（4）待业：<u>等待就业。</u>

3. "妻适市来，曾子欲捕彘杀之"中"适"的意思是<u>刚刚</u>。根据这一义项解释下列短语中含有"适"的词语。

（1）适才：<u>刚才。</u>

（2）适闻噩耗：<u>刚刚听到这个坏消息。</u>

（3）书信适至：<u>书信刚刚送到。</u>

（4）适得一副妙方：<u>刚刚得到了一副好药方。</u>

拓展练习

1. 养活你多年，你却不肯照顾我。前置宾语：我。

2. 我不欺骗你，你也不欺骗我。前置宾语：前半句"尔"、后半句"我"。

3. 臣实在没有才能，又敢埋怨谁呢？前置宾语：谁。

4. 只听弈秋的教导。前置宾语：之。

5. 孟尝君问"您爱好什么？"门客说："没有爱好。"孟尝君又问："您能做什么？"门客回答说："没有什么能力。"前置宾语：何。

6. 王问："被捆绑的人，是谁？"前置宾语：何。

7. 凭什么来战斗？前置宾语：何。

8. 唉，如果没有这样的人，我跟谁一道归去呢？前置宾语：谁。

9. 不学习自己就知道，不问别人自己就知晓，从古至今，没有这样的事。前置宾语：之。

第八课

一、根据课文内容回答下列问题

1. 他得到魏王器重。

2. 惠子建议他要善待左右的人。

3. 杨树横着种、倒着种、折断了种都能存活。

4. 想要除掉陈轸的人可能有很多。

5. 惠子借杨树的例子告诉陈轸得和魏王身边的人搞好关系，否则他就会很危险，因为树之难而去之易。

二、解释下列句子中加下划线的词的意义

1. 贵：器重、重用。

2. 必：必须、一定要；事：对待；左右：身边的人、手下的人。

3. 横：横着；生：存活、生长；倒：倒着；折：折断；树：栽种、种植。

4. 使：让。

5. 以：用、凭借；众：众多；易：容易；胜：胜过、战胜。

6. 去：去除、拔掉。

7. 工：擅长、善于；树：树立；欲：想要；去：去除、除掉；危：危险。

三、解释下列句子中加下划线的词的用法和意义

1. 于：被，表被动。

2. 善：好好地。

3. 夫：发语词，引发议论；即：就；而：然后，表示承接。

4. 然：然而；而：然后，表承接；则：那么、就，表承接；毋：不、没有；矣：了。

5. 夫：发语词，引发议论；而：却、然而，表示转折；何也：是为什么呢？

6. 而：可是，表示转折；也：语气词，表示判断。

7. 于：在；者：的人；矣：了。

四、把下列句子翻译成现代汉语

1. 陈轸被魏王器重。

2. 惠子说："（您）一定要好好地对待（魏王）身边的人。"

3. 杨树啊，横着种它就活了，倒着种它也活了，折断了种它还是活了。

4. 然而让十个人种树，然后让一个人拔树，那就没有能活着的杨树了。

5. 用十个人那么多的力量，去种容易存活的东西，却不能胜过一个人的力量，原因是什么呢？

6. 是因为种树难而拔树容易啊。

7. 您虽然善于在魏王面前树立自己的威信，可是想要除掉您的人也很多，您一定会有危险了。

五、关于"则"的练习

（一）根据本课语法释析所学内容，解释下列句子中"则"的意思，并注意"则"在现代汉语中保留了哪些用法。

1. 则：表示假设，就。

2. 则：表示条件，就。

3. 则：表示转折，却。

4. 则：表示假设，就。

5. 则：表示转折，却。

6. 则：表示假设，就。

（二）根据下列句子的意思，把"则"放在合适的位置上。

1. 不平则鸣

2. 欲速则不达

3. 既来之，则安之

4. 不鸣则已，一鸣惊人

5. 学而优则仕

6. 无欲则刚

六、关于"于"的练习

1. 没有深谋远虑而轻视敌人的，必然会被敌人所擒拿。"于"表被动。

2. 妻子和孩子都是由我养活的。"于"表被动。

3. 与其饿死路边，被野兽吞食，不如死在守山人的手里，成为富贵人家的祭品。"为""于"表被动。

4. 受制于人：被别人控制、支配。"于"表被动。

5. 拘泥于形式：被形式所局限。"于"表被动。

七、古语今用

1. "必善事左右"中"事"的意思是<u>对待</u>，是动词，而现代汉语中的"事"则多为名词，意思是<u>事情</u>。根据这一义项解释下列句子中含有"事"的词语。

（1）无所事事：<u>闲着什么事都不干。</u>

（2）事半功倍：<u>只用一半的力气，却得到双倍的功效。</u>

（3）若无其事：<u>好像没有他的事一样。</u>

（4）不事生产：<u>不从事劳动，不工作。</u>

（5）事母至孝：<u>对待母亲非常孝顺。</u>

2. "必善事左右"中"左右"的意思是<u>手下的人、身边的人</u>。现代汉语中除了表示方位、大概的数量等意义外，还根据古义引申出了"支配、控制"的含义。根据这一义项解释下列句子中含有"左右"的词语。

（1）身边的人、手下的人。

（2）旁边、两边。

（3）支配、控制。

（4）大概、大约。

（5）控制、支配；身边、旁边。

3. "子虽工自树于王"中"工"的意思是<u>擅长、善于</u>，现代汉语中"工"主要为"工作、工人、做工"的意思。根据这一义项解释下列句子中含有"工"的词语。

（1）小工：<u>做杂活、简单劳动的工人。</u>

（2）巧夺天工：<u>精巧的技术胜过了天然的。</u>

（3）工于心计：<u>擅长用心谋划，多为贬义。</u>

（4）偷工减料：<u>（为了牟利）减少材料、降低质量。</u>

（5）异曲同工：<u>不同的事情产生相同的效果。</u>

拓展练习

1. 现在想用先王的政策治理当世百姓的，都是守株待兔这类的情况啊！"皆……也"表示判断。

2. 陛下不懂带领军队，但是善于领导将军，这就是我为陛下效劳的原因。"乃……也"表示判断。

3. 然而不能获胜的原因，是因为天时不如地利啊。"……者，是……也"表示判断。

4. 荆轲是卫国人。"者……也"表示判断。

5. 屈原，名叫平，是楚国贵族的同姓。"者……也"表示判断。

6. 先生所说的，是国家大事。"者……也"表示判断。

7. 粮食，是百姓种出来的。"者……之所"表示判断。

8. 刘谐，是个聪明人。"者"表示判断。

9. 用兵的方法，使敌人举国投降是上策。"为"表示判断。

10. 这是什么样的人呢？"为"表示判断。

第九课

一、根据课文内容回答下列问题

1. 他们的主人家祭祀后赏赐给他们的。

2. 在地上画一条蛇，谁先画完谁喝酒。

3. 给他画的蛇加上了脚。

4. 蛇本来就没有脚，第一个画完的人不该给蛇加上脚。

5. 没有。

二、解释下列句子中加下划线词的意义

1. 祠：祭祀；赐：赏赐；卮：酒具、酒杯。

2. 谓：商量；数：几个；不足：不够；请：建议。

3. 引：拿过来；且：就要；持：拿着；足：脚。

4. 未：还没有；夺：抢夺；固：本来；遂：于是、就。

5. 亡：失去。

三、解释下列句子中加下划线的词的用法和意义

1. 其：代词，代指祭祀的人。

2. 之：代词，代指酒；为：动词，画（蛇）；者：代词，……的人。

3. 乃：副词，于是、就；为：介词，给、替。

4. 其：代词，代指第一个画完的人；安能：怎么能；其：代词，那杯。

5. 者：代词，……的人。

四、把下列句子翻译成现代汉语

1. 楚国有个祭祀的人，赏赐给他的门客们一杯酒。

2. 门客们互相商量说："几个人喝这杯酒不太够，一个人喝又有富余，建议（我们）在地上画一条蛇，先画完的人喝这杯酒。"

3. 一个人先画完了蛇，把酒拿过来就要喝，于是（他）左手拿着酒杯，右手画蛇，说："我还能给它画上脚。"

4. 还没有画完，（另外）一个人的蛇已经画好了，这个人抢过他的酒杯说："蛇本来就没有脚，您怎么能给它画上脚呢？"于是就喝了那杯酒。

5. 给蛇画脚的人，最终失去了那杯酒。

五、关于"为"的练习：

（一）根据下列句子的意思，将"为"放在合适的位置上，并给"为"注音。

1. 鲜为人知（wéi）

2. 舍己为人（wèi）

3. 左右为难（wéi）

4. 知之为知之，不知为不知（wéi；wéi）

5. 一日为师，终身为父（wéi；wéi）

6. 为情所困（wéi）

7. 为所欲为（wéi）

8. 各为其主（wèi）

（二）解释下列句子中"为"的意思。

1. 语气助词，表示反问。2. 动词，做。3. 两者均是动词，做。

4. 动词，表示判断，是。5. 两者均是动词，做。6. 动词，做。

7. 两者均是介词，为了。8. 动词，做；当作；当作。

六、关于"安能"的练习

1. 他毕竟是你的父亲，你安能用这样的态度对待他呢？

2. 把家里的积蓄投资股市不是小事，你安能瞒着妻子这样做呢？

3. 我们安能赢得了那个队？他们是世界冠军队。

4. 在网络诈骗盛行的今天，人们安能不注意电子支付的安全问题？

5. 香港自古以来都是中国领土的一部分，安能允许她与祖国分离？

七、古语今用

1. "数人饮之不足"中"数"的意思是<u>几个</u>。根据这一义项解释下列句子中含有"数"的词语。

（1）数次：<u>几次、多次</u>。

（2）数十种：<u>几十种</u>。

（3）寥寥数人：<u>很少的几个人</u>。

（4）数罪并罚：<u>几项罪名一起处罚</u>。

2. "蛇固无足，子安能为之足"中"固"的意思是<u>本来</u>。根据这一义项解释下列句子中含有"固"的词语。

（1）固有：<u>原有的、本来就有的</u>。

（2）固然：<u>当然、本来就是这样</u>。

（3）固当如此：<u>本来就应该这样</u>。

3. "为蛇足者，终亡其酒"中"亡"的意思是<u>失去、失掉</u>。现代汉语中"亡"字经常表示"死亡、逃跑、毁坏、没有了"等意义，解释下列句子中含有"亡"的词语。

（1）亡羊补牢：<u>失去了羊，修补羊圈</u>。

（2）家破人亡：<u>家庭破落，亲人死亡</u>。

（3）唇亡齿寒：<u>嘴唇没有了，牙齿就会觉得冷</u>。

（4）名存实亡：<u>名义上存在，事实上已经没有了</u>。

（5）逃亡：<u>逃跑在外</u>。

拓展练习

一、将下列数量结构改成古代汉语中"数词＋名词"的表达方式

1. 三头六臂。

2. 四体不勤，五谷不分。

3. 六畜不宁。

4. 九牛二虎之力。

5. 一语道破。

二、解释下列句子中加下划线的词的意义

1. 想尽各种办法。

2. 一天一夜，形容时间短。

3. 九头牛的一根毛，形容数量很少。

4. 很少的几句话。

5. 各种花一齐开放。

三、翻译下面的句子，注意数量词的用法

1. 狡猾的兔子有三处洞窟，也只是避免死亡而已。

2. 李家的孩子李蟠，今年十七岁，喜欢古文。

3. 又把一个弟子投入河中，一共投了三个。

4. 汉王赏赐张良黄金百镒，珍珠两斗。

5. 我带着白玉璧一对，想进献给项王；玉斗一对，想进献给亚父。

6. （高祖）于是上前，拔出宝剑砍蛇，蛇被砍成两段，道路畅通了。

第十课

一、根据课文内容回答下列问题

1. 第一个例子是关于美食的，即使有美食，不吃就不知道食物的味道很好。第二个例子是关于学习道理的，虽然有很好的道理，不学习就不知道它完美。

2. 学习以后才知道自己哪里不足，教学以后才知道自己哪里有困惑。

3. 知道自己不足，这样以后才能反省自己。

4. 这两个例子表明"教"与"学"能互相促进提高。

二、解释下列句子中加下划线的词的意义

1. 旨：味美。

2. 至：最高的；善：好，完美。

3. 困：迷惑不通的地方。

4. 自反：反省自己；自强：勉励自己。

5. 故：因此，所以；长：提高，推进。

三、解释下列句子中加下划线的词的用法和意义

1. 虽：连词，即使，表转折；弗：副词，不，表否定。

2. 也：语气助词，表示加强否定。

3. 然：代词，这样；后：副词，以后。

4. 也：语气助词，表示判断的语气，用来解释原因。

四、把下列句子翻译成现代汉语

1. 即使有美味的食物，不吃也就不知道它味美。

2. 即使有至高的学问，不学（就）不知道它完美。

3. 因此学习之后（才）知道（自己哪里）不足，教学以后，才知道（自己哪里）有困惑。

4. 知道（自己哪里）有不足，这样以后才能反省自己。知道（自己哪里）有困惑，这样以后才能勉励自己。

5. 所以说："教与学互相促进提高。"

五、参照虚词"也"的下列用法，标出各句中"也"用法的相应号码

1. ④ 2. ②② 3. ①① 4. ③ 5. ⑤⑤ 6. ③① 7. ②②

8. ④ 9. ⑤ 10. ① 11. ① 12. ③

六、关于否定副词的练习

（一）找出下面成语和句子中的否定副词，并解释成语和句子的意思。

1. 否定副词：不。非常镇静、不慌不忙的样子。

231

2. 否定副词：不。虽然很好，但还有缺陷。

3. 否定副词：未。在天还没下雨的时候，就修补好房屋的门窗。后用以比喻事先做好准备。

4. 否定副词：莫。指有心帮助，但因力量不够或条件所限而做不到。

5. 否定副词：弗。自感不如别人而内心惭愧。

6. 否定副词：毋。耐心等待一下，不要急躁。

7. 否定副词：未。历史上从来没有过。

8. 否定副词：勿。不要因为是很小的好事就不去做。

（二）把否定副词"不、非、弗、未、勿、毋"填写在括号里，每词只用一次。

1. 年轻人怎么能（不）劳而获？

2. 现在是休息时间，请（勿）打扰。

3. 世上的情况很复杂，并不是（非）此即彼。

4. 台风造成交通中断，尚（未）恢复。

5. 面对大卫的成就，我自叹（弗）如。

6. 毕业生应具备高素质，我们主张"宁缺（毋）滥"。

七、古语今用

1. 写出"知不足，然后能自反也；知困，然后能自强也。"中"自反"和"自强"的意思，并以此类推下列含有"自"的动词的含义。

自反：<u>反省自己</u>　　　自强：<u>勉励自己</u>

（1）自夸：<u>夸耀自己</u>　（2）自救：<u>解救自己</u>

（3）自卫：<u>保卫自己</u>　（4）自荐：<u>推荐自己</u>

（5）自立：<u>依靠自己</u>　（6）自卑：<u>轻视自己</u>

2. "虽有至道，弗学不知其善也。"中"至"的意思为<u>最高的</u>。解释下列句子中含有"至"的词语，并解释词语中"至"的意思。

（1）自始至终：<u>从开始到结束。至：到。</u>

（2）至诚：<u>形容十分真挚诚恳。至：最高的，达到极点的。</u>

（3）关怀备至：<u>关心得无微不至。至：表示达到某种程度。</u>

（4）至于：<u>表示另提一事。至：同"至于"，不单独使用，表示提另</u>

外一件事。

（5）以至于：表示由于上文所说的动作、情况的程度很深而形成的结果。至：同"以至于"，不单独使用，承接上文，表示下文是上文引出的结果。

3. "虽有至道，弗学不知其善也。"中"虽"的意思是即使、虽然。根据这一义项解释下列含有"虽"的词语。

虽败犹荣：虽然失败了，但还是非常光荣。

虽死犹生：指人虽死，精神不灭；也指心无牵挂、憾事，虽死犹同活着。

虽死无憾：就算是死了，也不会后悔。

麻雀虽小，五脏俱全：比喻事物体积或规模虽小，具备的内容却很齐全。

4. "故曰：教学相长也。"中"长"的意思为提高、推进。解释下列句子中含有"长"的词语，并解释词语中"长"的意思。

（1）揠苗助长：比喻违反事物的发展规律，急于求成，反而坏事。长：成长。

（2）土生土长：当地生长的。长：成长。

（3）师长：老师和尊长，也特指老师。长：辈分更高的人。

拓展练习

1. 是：指示代词，意为"这"。

2. 何：疑问代词，意为"为什么"。

3. 者：辅助性代词，表示"……的人"。

4. 或：无定代词，此处意为"有的人"。

5. 其：人称代词，相当于"他的/她的"。

第十一课

一、根据课文内容回答下列问题

1. 那个善于算卦的人丢了马，别人都觉得是坏事，所以来慰问他。可是他却认为坏事也可能转化为好事。事实证明他说得对，因为几个月之后，他那匹跑丢的马带领着胡人的好马一起回来。一匹马变成了一群好马，这当然是好事。

2. 他跑丢的那匹马带回来一大群胡人的好马，很多人都祝贺他。可是他却认为有很多好马很可能会变成坏事。事实证明他又说对了。因为他的儿子喜欢骑马，结果从马上摔下来摔断了大腿骨。有了很多好马是好事，可是因为骑马摔断了腿骨就变成了坏事。

3. 当那个人的儿子摔断了腿骨以后，别人都来安慰他。他又说这可能会变成好事。事实证明他再次说对了。一年以后，胡人大举入侵边塞，成年男子都拿起武器去打仗，靠近边塞的人，死去的有十分之九。而他的儿子因为跛脚的缘故无法参军打仗，从而保全了性命，这当然是坏事变成好事了。

4. 任何事物包含着正反两方面的因素，在一定条件下可以互相转化。人们应该用发展变化的眼光看问题，当遇到不好的事情时，应该看到光明的一面；当遇到好的事情时，应该防止出现不好的结果。这就是"塞翁失马，焉知非福"的哲理。

二、解释下列句子中加下划线的词的意义

1. 善：善于，擅长；无故：没有缘故，没有原因。

2. 皆：都。

3. 居：过了（一段时间）；将：率领，带领。

4. 富：形容词用作动词，意思是"有很多"；好：爱好，喜欢。

5. 引：拉（弓）。

6. 独：唯独，只有；故：缘故，原因。

三、解释下列句子中加下划线的词的用法和意义

1. 者：代词，可以跟动词、形容词、数词或词组结合成"……者"，意为"……的（人/东西/事情）"；而：顺承连词，连接具有顺承关系的两项，可译为"就""才"，或不译，或仍用"而"。

2. 之：代词，指代"那个人"。

3. 何遽：偏正短语，意为"怎么就""难道就""怎么竟"；为：动词，表判断关系，意为"是"，此处可译为"转化成"。

4. 其：人称代词，指代"他的"；而：连词，表示偏正关系，连接具有修饰和被修饰关系的两项，即连接状语与中心词，可省略不译或在转语后用"地""着"。

5. 其：人称代词，指代"他的"。

6. 此：指示代词，表示近指，可译为"这"。

四、把下列句子翻译成现代汉语

1. 在边塞附近有个善于算卦的人，（他的）马无缘无故地丢失，跑到胡人那里去了。

2. 那个老人说："这怎么就不是一种福气呢？"

3. 过了一年，胡人大举入侵边塞，成年男子都拿起武器去打仗。

4. 唯独那个儿子因为跛脚的缘故，父亲和儿子互相（得以）保全。

五、解释下列语句中的"何"字

1. 副词，表程度，多么。

2. 疑问副词，表示反问，怎么样。

3. 代词，哪里。

4. 疑问副词，表示程度深，多么。

5. 疑问代词，单独作谓语，后面常有语气助词"哉""也"，为什么。

6. 疑问代词，怎么。

7. 何：通"呵"，喝问，盘问。

六、关于意动用法的练习

（一）根据古今汉语的对译，找出古文句子中形容词的意动用法。

1. 美：形容词意动用法，可译为"认为……美""把……看作美"。

2. 高：形容词意动用法，可译为"认为……高尚""把……看作高尚"。

3. 贱：形容词意动用法，可译为"认为……低贱""把……看得低贱"。

4. 怪：形容词意动用法，可译为"认为……奇怪""……感到奇怪"。

5. 小：形容词意动用法，可译为"觉得……小"。

6. 药：名词意动用法，可译为"把……当作药"。

7. 王：名词意动用法，可译为"把……当作王"。

8. 师：名词意动用法，可译为"把……当作老师"。

（二）根据画线部分提示，判断下列句子是否意动句，并将各句翻译成现代汉语。

1. 使动句。<u>春风使江南的岸边又绿意盎然了</u>，明月什么时候会照着我返回故乡呢？

2. 意动句。<u>谁先攻入秦都咸阳，大家就拥戴谁为王</u>。

3. 意动句。那么，<u>我以天地为大，以毫末为小</u>，可以吗？

4. 使动句。<u>不打仗就让敌人投降</u>，这才是上上之策。

5. 意动句。<u>小国把大国当作老师</u>。

6. 使动句。工匠们要做好他们的活计，一定要先让工具锋利。

7. 意动句。不如我听到这些逆耳的话以后，<u>把它们当作良药吧</u>。

8. 意动句。<u>孟尝君把我当成贵客</u>。

七、古语今用

1. "其马将胡骏马而归"中"将"的意思是带领、率领。解释下列句子中含有"将"的词语，并解释词语中"将"的意思。

（1）将功补过：<u>用建立的功绩来抵偿以前的过失。将：把</u>。

（2）将信将疑：<u>有点儿相信，又有点儿怀疑。将：且，又</u>。

（3）将错就错：<u>事情既然已经做错了，索性顺着错的做下去。将：把</u>。

（4）行将就木：<u>快要进棺材了。指人临近死亡。将：就要，快要</u>。

2. "人居一年，胡人大入塞，丁壮者引弦而战。"中"引"的意思是拉。解释下列句子中含有"引"的词语，并解释词语中"引"的意思。

（1）引人入胜：<u>引人进入美妙的境地，后多指山水风景或文学艺术等特别吸引人。引：吸引</u>。

（2）引发：<u>引起，触发。引：拿来做证据、凭据或理由</u>。

引以为鉴：<u>参照某事或某人的方式、方法去执行。引：拿来做证据、凭据或理由</u>。

（3）引而不发：拉开弓，搭上箭，不射出去，做出跃跃欲射的姿势，以便让人学习，体会射箭的技能。比喻善于启发、引导或控制。引：拉。

（4）引经据典：引用经典中的话作为立论的根据。引：拿来做证据、凭据或理由。

3. 其父曰："此何遽不为福乎?"中"此"的意思是这（件事）。根据这一义项解释下列含有"此"的词语。

顾此失彼：顾了这个，丢了那个。形容照顾不过来。

乐此不疲：因酷爱干某事而不感觉厌烦。形容对某事特别喜爱而沉浸其中。

长此以往：老这样下去（多含有变得更坏的意思）。

原来如此：原来是这样。表示发现真实情况。

不虚此行：没有白跑这一趟。表示某种行动还是有所收获的。

岂有此理：哪有这样的道理? 表示对荒谬言行的反感和气愤。

拓展练习

1. 相传鹏鸟能飞万里路程。比喻前程远大。鹏：古代一种大鸟，由"鲲"变成。出自《庄子·逍遥游》："鹏之徙于南冥也，水击三千里，抟扶摇而上者九万里。"人们认为鹏是传说中最大的鸟，褒义。

2. 鱼见之沉入水底，雁见之降落沙洲。形容女子容貌美丽。雁：善于游泳和飞行的鸟。人们认为雁非常美丽，褒义。

3. 招致蜜蜂，吸引蝴蝶。比喻吸引别人的注意。此处为贬义。

4. 比喻凶暴的人居心狠毒，习性难改。狼子：狼崽子。中国人认为狼崽子虽幼，却有凶恶的本性，贬义。

5. 比喻器量狭小，只考虑小事，不照顾大局。鸡肠：中国人认为鸡肠很小，意思就是气量狭小，贬义。

6. 形容心肠狠毒。蝎：一种蜘蛛类的毒虫。蛇和蝎都有毒，因此中国人认为蛇、蝎都是狠毒的，贬义。

7. 像老虎要扑食那样注视着。形容贪婪地、恶狠狠地盯着。虎：凶猛的野兽。中国人认为老虎是凶猛的，贬义。

第十二课

一、根据课文内容回答下列问题

1. 孙子认为军事作战时不应该对敌人说实话。

2. 孙子认为面对实力强大的敌人时应该避开他。

3. 孙子认为面对内部很团结的敌人要想办法离间他们。

4. 孙子认为打仗之前的保密工作非常重要。

5. 孙子认为应该打击敌人没有防备的地方。

二、解释下列句子中加下划线的词的意义

1. 诡道：名词，欺诈的行为。

2. 故：连词，因此，所以；示：动词，向……显示。

3. 利：名词作动词，用利益，用好处；诱：动词，引诱，诱惑；乱：形容词用作动词，扰乱，造成混乱。

4. 实：形容词用作动词，有实力；强：形容词，强大。

5. 挠：动词，阻挠；骄：形容词的使动用法，使……骄傲。

6. 佚：形容词，同"逸"，安闲；劳：形容词的使动用法，使……疲劳；亲：形容词用作动词，此处指敌人亲密团结；离：动词的使动用法，使……分离。

三、解释下列句子中加下划线的词的用法和意义

1. ……者，……也：判断句，"者"用在主语之后，表示语气的停顿，并提示下文将有说明；"也"用在谓语之后，帮助判断，并用来结束句子。可译为"……是……"。

2. 而：连词，表示转折，意思为"但""却"。

3. 之：指示代词，指代前面所说的"敌人"。

4. 其：指示代词，指代前面所说的"敌人"。

四、把下列句子翻译成现代汉语

1. 用兵，是欺诈的行为。

2. 所以能打却装作不能打；用兵却又装作不用兵。

3. 给小利来诱惑敌人，造成敌人的混乱来攻取它。

4. 敌人实力充实就要防备它，敌人强大就要避开它。

5. 激怒敌人来阻挠它，用自卑的言辞来使敌人骄傲。

6. 敌人安闲就要使它疲惫，敌人亲密就要设法离间他们。

7. 要攻打敌人没有准备的地方，行动要出于敌人的意料之外。

五、把下列包含"……者，……也"的判断句翻译成现代汉语

1. 荆轲是卫国人。

2. 屈原名平，与楚国的王族同姓。

3. 在那草木不生的北方，有一个很深的大海，那就是"天池"。

4. 正如先生您所言，是关系到国家兴亡的大事。

六、关于使动用法的练习

（一）指出下面成语中出现的使动用法，并解释成语的意思。

1. 惊：动词的使动用法，使震惊。一叫就使人震惊。比喻平时没有突出的表现，一下子做出惊人的成绩。

2. 飞、走：动词的使动用法。飞：使飞扬；走：使滚动。沙子飞扬，石块滚动，形容风很大。

3. 完：形容词作使动词，使完好。本指蔺相如将和氏璧完好地自秦国送回赵国。后比喻把原物完好地归还本人。

4. 快：形容词作使动词，使痛快。指坏人坏事受到惩罚或打击，使大家非常痛快。

5. 沉、落：动词的使动用法，使沉入水底，使降落沙洲。闭、羞：动词的使动用法，使躲藏，使羞惭。

沉鱼落雁：鱼见之沉入水底，雁见之降落沙洲。形容女子容貌美丽。

闭月羞花：使月亮躲藏，使花儿羞惭。形容女子容貌美丽。

6. 汗：名词作使动词，使牛累得出汗。书运输时牛累得出汗，存放时可堆至屋顶。形容藏书非常多。

239

（二）请将下列句子翻译成现代汉语，并指出句子中的使动用法。

1. 能使将军富贵的是皇帝。富贵：形容词的使动用法，意思为"使……富贵"。

2. 上天要把重任降临在某人的身上，一定先要使他心意苦恼，筋骨劳累，使他忍饥挨饿，身体空虚乏力，使他的每一行动都不如意。苦、劳、饿、空乏：形容词的使动用法，意思为"使……苦恼""使……劳累""使……饥饿""使……空虚乏力"。

3. 不要使民众产生二心（反叛的心思）。生：不及物动词的使动用法，意思为"使……生"。

4. （您）为什么要灭掉郑国而给邻邦晋国增加土地呢？亡：不及物动词的使动用法，意思为"使……灭亡"。

5. 春风又使江南变绿。绿：形容词的使动用法，意思为"使……变绿"。

6. 在这时，韩信、张耳假装抛弃战鼓和军旗，逃到水边的军营。水边的军营打开（营垒的大门），使他们进去。入：及物动词的使动用法，意思为"使……进去"。

七、古语今用

1. "兵者，诡道也"中"兵"的意思是用兵。解释下列句子中含有"兵"的成语，并解释成语中"兵"的意思。

（1）兵戎相见：以武力相见。指用战争解决问题。兵：武器。

（2）短兵相接：双方面对面地搏斗。比喻针锋相对地斗争。兵：武器。

（3）纸上谈兵：在纸面上谈论打仗。比喻空谈理论，不能解决实际问题。也比喻空谈不能成为现实。兵：关于军事或战争。

（4）草木皆兵：把山上的草木都当作敌兵。形容人在惊慌时疑神疑鬼。兵：士兵、军队。

2. 写出"故能而示之不能，用而是之不用"中"示"的意思，并以此类推下列含有"示"的词语的含义。

示：动词，向……显示。

（1）示弱：表示比对方软弱，不敢较量（多用于否定式）。

（2）示意：<u>用表情、动作、含蓄的话或图形表示意思。</u>

（3）示范：<u>作出某种可供大家学习的榜样或典范。</u>

（4）指示：<u>上级对下级或长辈对晚辈说明处理某个问题的原则和方法。</u>

（5）明示：<u>明确指示。</u>

（6）提示：<u>把可以启发思考的有关因素提出来，帮助对方思考。</u>

第十三课

一、根据课文内容回答下列问题

1. 文中提到的学习方法很多，比如学习之后按时复习；通过温习学过的知识得到新的体会或发现；虚心向不如自己的人请教；向各种人学习，选择他们的优点加以吸收，把他们的缺点作为自己的借鉴，等等。

2. 学习态度很重要。《论语》中谈到应该善于向别人学习，因为"三人行，必有我师"。即使向地位比自己低的人请教，也不应该认为是羞耻的事情。还应该实事求是，知道就说知道，不知道就说不知道，这样做才能真正学到知识。

二、解释下列句子中加下划线的词的意义

1. 时：经常。　2. 习：练习。　3. 朋：朋友。　4. 愠：恼怒。

5. 温：温习。　6. 故：旧的。　7. 诲：教诲。　8. 择：选择。

三、解释下列句子中加下划线的词的用法和意义

1. 焉：于之，在这里。

2. 乎：表示疑问，可译为"吗"。

3. 矣：可译为"了"。

4. 乎：表示疑问，可译为"吗"。

5. 也：表判断，用于句末。

6. 以："以何"的倒装，可译为"凭什么""依据什么"。

四、把下列句子翻译成现代汉语

1. 学习之后按时复习。

2. 有朋友从远方来。

3. 温习旧的知识就能有新的体会或发现。

4. 知道就是知道，不知道就是不知道。

5. 聪敏而且喜欢学习，不认为向不如自己的人请教是羞耻。

6. 几个人一起走，其中一定有可以做我老师的人。

五、判断下列句子中"何以"的意义

1. B　2. A　3. A　4. B

5. A　6. A　7. B　8. A

六、用下列词句说一段话

1. 例：中国有句老话："有朋自远方来，不亦乐乎？"今天你们从世界各地来到中国，这真是一件让人高兴的事情。希望你们在这里吃好、住好、玩好，度过一个美好的假期。

2. 例：有些人买了书，随便翻翻就扔到了一边。其实，一些好书应该仔细看，有些好书还要反复看。因为每次阅读都会让你发现新的收获，正所谓"温故而知新"嘛。

3. 例：他不懂得"知之为知之，不知为不知"的道理，以为说自己不知道，别人就会笑话他笨。其实，真正的聪明人是敢于承认自己不知道的人。只有敢于说自己不知道，他才有可能不断地学习、不断地进步。

4. 例：学汉语要发扬"不耻下问"的精神，要多向人请教、多交流、多练习，这样才能迅速提高汉语水平。

5. 例：他常说："三人行，必有我师焉。"他向身边的一切人请教过，不管人家是不是有地位、有名望，只要他遇见不知道的事情，就向人家刨根问底，非弄明白不可。

七、古语今用

1. "温故而知新，可以为师矣"中"故"的意思是<u>旧的</u>。根据这一义项解释下列句子中含有"故"的词语。

（1）故地重游：<u>重新到曾经去过或者生活过的地方走一走。</u>

（2）人不如故：<u>朋友还是旧的好。</u>

（3）故乡：<u>出生或长期居住过的地方；家乡；老家。</u>

（4）故居：<u>曾经居住过的房子。</u>

2.<u>"择其善者而从之，其不善者而改之"中"善"的意思是好，好的。根据这一义项解释下列句子中含有"善"的词语。</u>

（1）善始善终：<u>从开始到结局都很好，比喻事情做得很完满。</u>

（2）多多益善：<u>形容一样东西或人等越多越好。</u>

（3）善意：<u>善良的心意；好意。</u>

（4）尽善尽美：<u>形容事物完美到没有一点儿缺点。</u>

八、你见过下面的词语吗？它们都是从《论语》中演变而来的，选择其中的三个，说说它们的意思，学会使用它们

1. 犯上作乱：旧指触犯皇权或尊长，搞叛逆活动。

2. 巧言令色：指用花言巧语和假装和善来讨好别人（令：美好）。

3. 吾日三省吾身：我每天多次反省自己。

4. 慎终追远：终：人死；远：指祖先。旧指慎重地办理父母丧事，虔诚地祭祀远代祖先。后也指谨慎从事，追念前贤。

5. 温良恭俭让：温和、善良、恭敬、节制、忍让。后泛指态度谦和举止文雅。

6. 道听途说：路上听到的传闻，随后就在路上传播出去。指没有根据的传闻。

7. 以和为贵：按礼行事，当以和平和谐为本。

8. 一言以蔽之：用一句话来概括它。

9. 四十不惑：经历了许多，已经有自己的判断力。

10. 从心所欲：按照自己的意思，想怎样便怎样。

11. 是可忍，孰不可忍：如果这样的事情都可以容忍，还有什么是不能容忍的。形容不可容忍到了极点。

12. 尽善尽美：形容事物完美到没有一点儿缺点。

13. 一以贯之：指做人做事，按照一个道理，从一而终。

14. 听其言而观其行：听了他的话，还要看他的行动。指不要只听言论，还要看实际行动。

15. 文质彬彬：原是形容人既文雅又朴实，后形容人文雅有礼貌。

16. 诲人不倦：耐心地、不厌倦地教导别人。

17. 乐在其中：喜欢做某事，并在其中获得乐趣。

18. 任重道远：路程很远，比喻责任重大，要经历长期的奋斗。

19. 后生可畏：青年人有更多发展的可能，令人期待。

20. 食不厌精：粮食舂得越精越好，肉切得越细越好，形容食物要精制细做。

21. 四海之内皆兄弟：全国的人民都像兄弟一样，指亲如一家。

22. 成人之美：成全别人的好事，也指帮助别人实现其美好的愿望。

23. 以文会友：指通过文字来结交朋友。古代文人交往、交友的礼俗。

24. 欲速则不达：指过于性急图快，反而不能达到目的。

25. 不在其位，不谋其政：不在那个职位上，就不去考虑那个职位上的事，指不过问别人的事情。

26. 以德报怨：指不记别人的仇，反而给他好处。

27. 杀身以成仁：指为正义而牺牲生命。后来泛指为了维护正义事业而舍弃自己的生命。

28. 人无远虑，必有近忧：指的是没有长远的打算，那么近期的事情就会多有忧虑，可理解为，人一直没有长远的考虑，那忧患一定近在眼前。

29. 己所不欲，勿施于人：自己不喜欢，也不要给对方增添烦恼。

30. 当仁不让：原指以仁为任，无所谦让；后指遇到应该做的事就积极主动去做，不推让。

31. 小不忍则乱大谋：小事不能忍耐就会败坏大事情。

32. 有教无类：指不分贵贱贤愚，对各类人都可以进行教育。

33. 血气方刚：形容年轻人精力正旺盛。

34. 割鸡焉用牛刀：杀鸡焉用牛刀，比喻办小事情没有必要花费大力气。

35. 色厉内荏：外表强硬，内心虚弱。

36. 学而优则仕：优：通"悠"，有余力。学习还有余力或者闲暇，就去做官（进一步推行仁义）。

拓展练习

略

第十四课

一、根据课文内容回答下列问题

1. 陶渊明喜欢菊花，唐代以来的人喜爱牡丹。

2. 本文作者喜爱莲花。因为它从淤泥中长出来，却不沾染污秽，在清水里洗涤过但是不显得妖媚，它的茎中间贯通，外形挺直，不生枝蔓，不长枝节，香气远播，笔直洁净地立在那里，可以远远地观赏但是不能玩弄它。

3. 作者使用这些文字描述莲花，把莲花称作花中的君子，是以物喻人，通过对莲花的爱慕与礼赞，表明自己对美好理想的憧憬、对高尚情操的崇奉、对庸劣世态的憎恶。

4. 明代于谦《石灰吟》："千锤万凿出深山，烈火焚烧若等闲。粉骨碎身浑不怕，要留清白在人间。"

宋代王安石《梅》："墙角数枝梅，凌寒独自开。遥知不是雪，为有暗香来。"

二、请翻译下列句子，并指出句子中加下划线的词的意义

1. 水中和陆上的花草树木，值得喜欢的有很多。可：值得；甚：很，非常。

2. 自唐代以来，世上的人非常喜欢牡丹。世人：世上的人。

3. 我唯独喜爱莲花从污泥中生长出来，却没有被污染。独：唯独，只；之：用在主语和谓语之间，取消句子独立性。

4. 不牵丝攀藤，也没有长出枝杈，它的香气（传得）越远越清香，直直地、洁净地挺立在水中。益：更加，越来越。

5. 可以远看，却不可以走近去随意玩弄。远观：远远地观看；亵玩：随意玩弄。

6. 我认为菊花，是百花中的隐士。隐逸，指隐居避世。

7. 喜爱菊花（的人），在陶渊明以后，很少听到了。鲜：很少；闻：

听，听说，听到。

    8. 喜爱牡丹（的人），当然就很多了！宜：当然；众：人多。

三、尝试翻译下列带"矣"的句子

1. 只要做，那么困难的事情也容易了。

2. 我的心意已经定下来了。

3. 我曾经整天地思考，不如片刻学习的收获大。

4. 公子努力吧。

5. 不行，我已经和大王说过了。

四、判断下列句子中"不……不……"短语的语义关系

1. A   2. A   3. B   4. A

5. B   6. A   7. B   8. A

五、古语今用

1. "不蔓不枝，香远益清，亭亭净植"中"益"的意思是<u>更加，越来越</u>。根据这一义项，解释下列句子中含有"益"的词语。

（1）老当益壮：<u>年纪虽老而志气更旺盛，干劲更足。</u>

（2）多多益善：<u>形容一样东西或人等越多越好。</u>

（3）精益求精：<u>比喻已经很好了，还要求更好，表示要求极高。</u>

（4）日益加重：<u>一天比一天严重。</u>

（5）益发：<u>表示动作或事物性状在程度上的加深，相当于"越发""更加"。</u>

2. "菊之爱，陶后鲜有闻"中"鲜"的意思是<u>很少</u>。根据这一义项解释下列句子中含有"鲜"的词语。

（1）鲜为人知：<u>很少有人知道。</u>

（2）鲜有：<u>非常少。</u>

（3）寡廉鲜耻：<u>不廉洁，不知羞耻，现多指不知羞耻。</u>

六、思考题

1. 作者采用了托物喻人，结合每种花的特征，把不同的花对应到不同

类型的人身上。从文中作者描述的角度来看，中国人认为菊花是归隐田园的陶渊明喜爱的花，就好像是花中的隐士；牡丹雍容华贵受到大部分人的喜爱，被比作花中的富贵者；而莲花出淤泥而不染，可以算是花中的君子。

2. "出淤泥而不染，濯清涟而不妖"的意思为从积存的淤泥中长出却不被污染，经过清水的洗涤却不显得妖艳，喻示着一个品行高洁的君子，是不会被环境所改变的。"近朱者赤，近墨者黑"指靠着朱砂的变红，靠着墨的变黑，比喻接近好人可以使人变好，接近坏人可以使人变坏，也指客观环境对人有很大影响。

这两句话都是在强调周围环境对于人的品格的影响，学生可以从这方面着手进行讨论。

拓展练习
略

第十五课

一、根据课文内容回答下列问题
1. 荀子认为学习是不能停止的。
2. 第一个比喻：靛青，是从蓝草里提取的，然而却比蓝草的颜色更青。第二个比喻：冰，是水凝结而成的，然而却比水更寒冷。第三个比喻：木材按墨线加工就直了。第四个比喻：用火烤木材使它弯曲做成车轮，它的弧度就可以符合圆规。第五个比喻：金属刀剑拿到磨刀石上磨过就锋利了。
3. 荀子认为，人的知识、智慧、品德等，都是由后天学习、积累而来的，他专门写了《劝学》，论述学习的重要性，肯定人是教育和环境的产物，倡导日积月累、不断求知的学习精神。

二、请翻译下列句子并写出加下划线的词的意义
1. 学习是不能停止的。已：停止。
2. 靛青，是从蓝草里提取的，但是却比蓝草更蓝。于：从；于：比。

3. 木头直得合乎墨线的要求。中：合乎。

4. 即使经过风吹日晒也不会变直了。槁暴：风吹日晒。

5. 刀剑在磨刀石上磨过就很锋利。砺：磨刀石；利：锋利。

6. 君子广泛学习知识而且每日多次进行自我检查。日参省乎己：每日多次自我反省。

7. 顺着风势呼喊，声音并没有加大，听的人却可以很清楚。疾：加大；彰：清楚。

8. 借助于马车的人，不是自己跑得快，却能到达千里之外。假：借助。利足：跑得快。

9. 我曾经整天地思考，不如片刻学习的收获大。终日：整天。须臾：片刻。

10. 君子并不是生来就与别人不同，只不过是他善于借助和利用外物罢了。善：善于。

三、把下列句子翻译成现代汉语

1. 玉不经过雕琢，不会成为器物；人不经过刻苦学习，就不会懂处世的道理。

2. 自己依靠着聪明与敏捷而不努力学习的人，是自己毁了自己的人。

3. 知道自己有不足之处的人喜欢学习；耻于向地位比自己低的人求教的人，就会满足于已有的成绩而不思进取。

4. 学习却不能融会贯通，便不是卓有成效地学习。

5. 擅长学习的人，会吸收别人的长处来弥补自己的短处。

四、指出下列句子中的"以为""以……为……"的意义

1. A 2. A 3. B 4. B 5. A 6. B

五、解释下列词语或短语，注意"过"和"利"的用法

1. 一般人不是圣人和贤人，谁能不犯错。

2. 头脑、智力超过一般人。

3. 话说得过分，超过了实际情况。

4. 一心为利，别的什么也不顾。

5. 我的矛锋利极了，任何坚固的东西都穿得透。

6. 有利于作战的天气、时令，比不上有利于作战的地理形势，有利于作战的地理形势，比不上作战中的人心所向、内部团结。

7. 贪财图利的欲望迷住了心窍。

六、古语今用

1. "君子曰：学不可以已"中"已"的意思是停止，而现代汉语中"已"较常使用的义项是已经。根据这两个义项，说说下列句子中含有"已"的词语的意思。

（1）争论不已：双方或多方对某一个问题讨论不出结果，停不下来。

（2）赞叹不已：连声赞赏，不停地称赞。

（3）已成事实：已经成为了事实，无法改变。

（4）已婚已育：已经结婚已经生孩子。

（5）不能自已：无法控制自己，无法使激动的情绪平静下来。

（6）已然：既成事实，已经如此。

2. "木直中绳""其曲中规"里"中"的意思是符合。根据这一义项解释下列句子中含有"中"的词语。

（1）中规中矩：合乎一定的标准或法则。

（2）百发百中：每次都能打中目标，也用来形容对事有充分把握。

（3）一语中的：一句话就说中要害。

（4）中选：选举或选择时被选上。

七、思考题

本题可以根据自己的情况回答，也可以结合第十三课《论语》中的学习方法进行讨论。

拓展练习

略